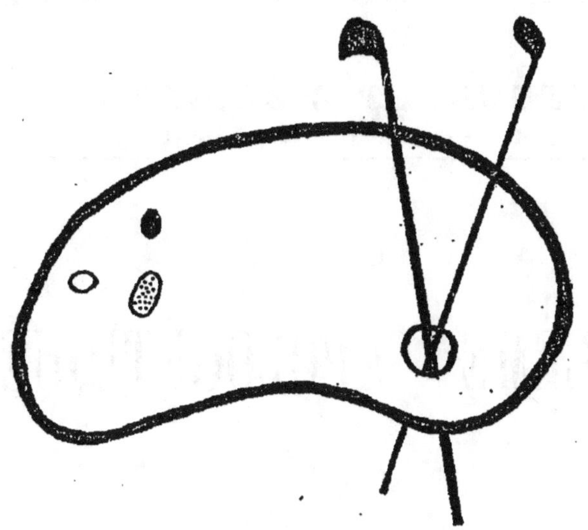

DEBUT D'UNE SERIE DE DOCUMENTS
EN COULEUR

LE

PROBLÈME APOLOGÉTIQUE

PAR

l'Abbé C. MANO

PARIS

LIBRAIRIE BLOUD ET BARRAL

4, RUE MADAME ET RUE DE RENNES, 59

1899

— **L'Eglise catholique et les Protestants**, par G. ROMAIN, auteur de : *L'Eglise et la Liberté* et *Le Moyen Age fut-il une époque de ténèbres et de servitude ?* 2ᵉ édition. 1 vol.

— **Mahomet et son œuvre**, par I. L. GONDAL, professeur d'apologétique et d'histoire au séminaire Saint-Sulpice. 2ᵉ édition. 1 vol.

— **Christianisme et Bouddhisme** *(Etudes orientales)*, par M. l'abbé THOMAS, vicaire général de Verdun. 2ᵉ édition. 2 vol.

Première partie : *Le Bouddhisme.*

Deuxième partie : *Le Bouddhisme dans ses rapports avec le christianisme. — Ascétisme oriental et ascétisme chrétien.*

— **Où en est l'hypnotisme**, son histoire, sa nature et ses dangers, par A. JEANNIARD DU DOT, auteur du *Spiritisme dévoilé*. 2ᵉ édit. 1 vol.

— *Du même auteur :* **Où en est le Spiritisme**, sa nature et ses dangers. 2ᵉ édition. 1 vol.

Viennent de paraître :

— **L'Ordre de la nature et le Miracle**, faits surnaturels et forces naturelles, chimiques, psychiques, physiques, par le R. P. DE LA BARRE, S. J., professeur à l'Institut catholique de Paris. 1 vol.

— **L'Homme et le Singe**, par M. le marquis de NADAILLAC. 2 vol.

— **Opinions du jour sur les peines d'outre-tombe.** *Feu métaphorique — Universalisme — Conditionnalisme — Mitigation*, par le P. TOURNEBIZE, S. J. 1 vol.

— **Comment se sont formés les Evangiles.** *La question synoptique — L'Evangile de Saint Jean*, par le P. TH. CALMÈS, professeur au grand séminaire de Rouen. 1 vol.

— **Le Talmud et la Synagogue moderne**, par A. F. SAUBIN. 1 vol.

— **L'Occultisme ancien et moderne.** *Les mystères religieux de l'antiquité païenne. — La kabbale maçonnique — Magie et magiciens fin de siècle*, par I. BERTRAND. 1 vol.

— **L'Hypnotisme transcendant en face de la philosophie chrétienne**, ouvrage dédié au Dʳ CH. HÉLOT, par A. JEANNIARD DU DOT. 1 vol.

— **L'Impôt et les Théologiens.** *Etude philosophique, morale et économique*, par le comte de VORGES, ancien ministre plénipotentiaire, membre de l'Académie de Saint-Thomas, etc., etc. 1 vol.

— **Nécessité mathématique de l'Existence de Dieu.** *Explications — Opinions — Démonstration*, par René de CLÉRÉ. 1 vol.

— **Saint Thomas et la Question juive**, par Simon DEPLOIGE, professeur à l'Université Catholique de Louvain. 1 vol.

— **Premiers principes de Sociologie Catholique**, par l'abbé NAUDET, professeur au collège libre des sciences sociales, directeur de la *Justice Sociale*. 1 vol.

— **Le déluge de Noé et les races Prédiluviennes**, par C. de KIRWAN. 2 vol.

— **La Patrie.** — *Aperçu philosophique et historique*, par J. M. VILLEFRANCHE. 1 vol.

— *Protestants et Catholiques au* XVIᵉ *siècle.* — **La Saint-Barthélemy**, par Henri HELLO. 1 vol.

— **L'Esprit et la Chair.** *Philosophie des macérations*, par Henri LASSERRE, auteur de *Notre-Dame de Lourdes*, etc., etc. 1 vol.

— **Du doute à la Foi,** le besoin, les raisons, les moyens, les devoirs, la possibilité de croire, par le R. P. TOURNEBIZE, S. J. 4° édition.   **1** vol.

— **La Synagogue moderne,** sa doctrine et son culte, par A. F. SAUBIN.   **1** vol.

— **Evolution et Immutabilité de la doctrine religieuse dans l'Eglise,** par M. PRUNIER, supérieur au grand séminaire de Séez.   **1** vol.

— **La Religion spirite,** son dogme, sa morale et ses pratiques, par I. BERTRAND.   **1** vol.

— **L'Hypnotisme franc et l'Hypnotisme vrai,** par le docteur HÉLOT, auteur de *Névroses et Possessions diaboliques.*   **1** vol.

— **Convenance scientifique de l'Incarnation,** par Pierre COURBET.   **1** vol.

— **L'Eglise et le Travail manuel,** par l'abbé SABATIER, du clergé de Paris, docteur en droit canon.   **1** vol.

— **L'Inquisition,** son rôle religieux, politique et social, par G. ROMAIN, auteur de : *L'Eglise et la Liberté.*   **1** vol.

— **Unité de l'espèce humaine,** *prouvée par la similarité des conceptions et des créations de l'homme,* par le marquis de NADAILLAC. **1** vol.

— **Le Socialisme contemporain et la Propriété.** — *Aperçu historique,* par M. Gabriel ARDANT.   **1** vol.

— **Pourquoi le Roman immoral est-il à la mode et pourquoi le Roman moral n'est-il pas à la mode ?** *Etude sociale et littéraire,* par G. d'AZAMBUJA.   **1** vol.

— **Certitudes scientifiques et Certitudes philosophiques,** par le R. P. DE LA BARRE, S. J., professeur à l'Institut catholique de Paris. 2° édition.   **1** vol.

— **L'Ame de l'homme,** par J. GUIBERT, supérieur du séminaire de l'Institut catholique de Paris. 2° édition.   **1** vol.

— **Faut-il une religion ?** par M. l'abbé GUYOT, ancien professeur de théologie. 2° édition.   **1** vol.

— *Du même auteur :* **Pourquoi y a-t-il des hommes qui ne professent aucune religion ?** 2° édition.   **1** vol.

— **Nécessité scientifique de l'existence de Dieu,** par P. COURBET, 2° édition.   **1** vol.

— *Du même auteur :* **Jésus-Christ est Dieu.** 2° édition.   **1** vol.

— **Etudes sur la pluralité des mondes habités et le dogme de l'Incarnation,** par le R. P. ORTOLAN, docteur en théologie et en droit canonique, lauréat de l'Institut catholique de Paris, membre de l'Académie de Saint-Raymond de Pennafort. 2° édition.   **3** vol.
I.   — *L'Epanouissement de la vie organique à travers les plaines de l'infini.*   **1** vol.
II. — *Soleils et terres célestes.*   **1** vol.
III. — *Les Humanités astrales et l'Incarnation.*   **1** vol.
Chaque vol. se vend séparément.

— **L'Au-delà ou la Vie future d'après la foi et la science,** par M. l'abbé J. LAXENAIRE, docteur en théologie et en droit canon, et de l'Académie de Saint-Thomas-d'Aquin, professeur au grand séminaire de Saint-Dié. 2° édition.   **1** vol.

— **Le Mystère de l'Eucharistie. — Aperçu scientifique,** par M. l'abbé CONSTANT, docteur en théologie, lauréat de l'Institut catholique de Paris. 2° édition.   **1** vol.

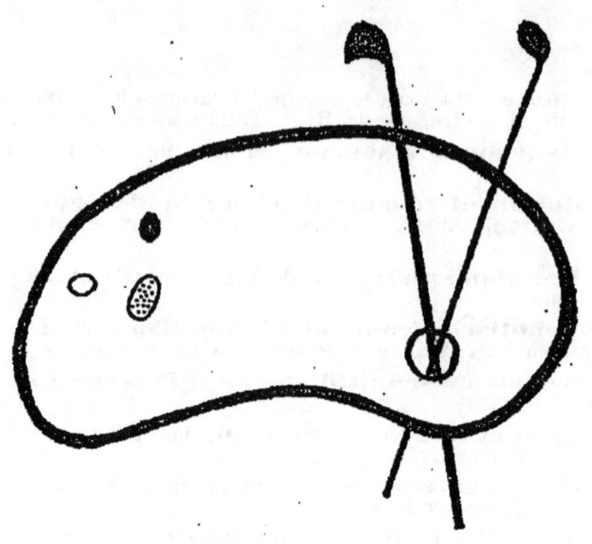

**FIN D'UNE SERIE DE DOCUMENTS
EN COULEUR**

SCIENCE ET RELIGION
Études pour le temps présent

LE
PROBLÈME APOLOGÉTIQUE

PAR

l'Abbé C. MANO

PARIS
LIBRAIRIE BLOUD ET BARRAL
4, RUE MADAME ET RUE DE RENNES, 59

—

1899

Tous droits réservés.

INTRODUCTION

« Il y a une question apologétique », écrivait naguère un penseur catholique des plus autorisés. En effet, les travaux sur la valeur et la méthode de l'apologétique se succèdent, depuis quelques mois, avec autant de variété que de rapidité. Défenseurs acharnés de l'apologétique traditionnelle, promoteurs de l'apologétique nouvelle ont tour à tour exercé les ressources de leur dialectique, opposé objection à objection, et il est exact d'ajouter que la question, sans être encore définitivement tranchée, a fait de notables progrès. Malgré tout, des points obscurs restent encore et l'heure de l'entente définitive n'a pas encore sonné. Quoi qu'il en soit, un malentendu paraît s'être, dès l'origine, glissé dans la controverse. Il n'y a et ne peut y avoir « ancienne et nouvelle apologétique », exclusives l'une de l'autre. Les diverses méthodes de défense ou de démonstration de la foi ne peuvent ni se contredire ni s'immobiliser. L'une et l'autre vivent à la fois de tradition et de progrès. Il ne faudrait ni confondre la tradition avec la routine, ni répudier le progrès au nom d'un passé impuissant à revivre.

Le sens vrai du problème apologétique nous paraît être dans la conciliation des solutions dites opposées. L'apologétique nouvelle n'innove pas au sens *théologique* du mot, elle *perfectionne, éclaire* et *synthétise*. A ce point de vue, elle nous paraît donc éminemment digne d'intérêt. Aussi bien, du reste, la théologie catholique lui doit-elle bon accueil, un allié n'est pas un ennemi. Retrancher tout perfectionnement possible, s'interdire toute marche en avant serait se vouer soi-même à la décrépitude et à la mort.

Plus de deux années se sont dé à écoulées depuis que M. Blondel, par sa lettre publiée dans les *Annales de philosophie chrétienne*, sous le titre *Lettre sur les exigences de la pensée contemporaine en matière d'apologétique, et sur la méthode de la philosophie dans l'étude du problème religieux*, soulevait la controverse. Il faut l'avouer, la discussion a été féconde, en général courtoise, et actuellement la distance permet d'apprécier à sa plus juste valeur le chemin parcouru; l'objection a permis d'éclaircir et de mettre en lumière les points les plus contestés, de placer la théorie à son vrai point de vue.

A ceux qui n'ont eu ni le loisir ni les moyens de suivre *ab ovo* l'intéressante controverse apologétique, nous dédions ces modestes pages. Notre but principal a été d'éclairer, de placer en relief les points les plus saillants de la question, de les rendre, dans la mesure du possible, accessibles à tous. Nous avons tâché de juger avec impartialité, d'examiner avec bienveillance même, les contradicteurs. Mais il nous a paru que beaucoup de travaux publiés surtout par des adversaires de la méthode d'immanence, se basaient sur une interprétation défectueuse. La véritable portée, la valeur réelle de la lettre de M. Blondel, n'avait peut-être pas encore été exposée assez nettement ; nous nous sommes efforcés d'y réussir. Le devoir de chacun n'est-il pas de collaborer, dans la mesure de ses forces, à l'œuvre de tous. Il n'est pas de facteur inutile dans l'évolution des idées, et c'est avec l'apport successif de plusieurs que se bâtit la cité du Vrai.

A Naresse, ce 1ᵉʳ mai 1899.

CHAPITRE I

LA POSITION DU PROBLÈME RELIGIEUX

Depuis quelques années déjà, l'importante question de la valeur de l'apologétique traditionnelle passionne à juste titre les esprits. Le problème religieux s'impose, en effet, de nos jours, avec une effrayante acuité à la conscience moderne. Déjà, d'éminents esprits ont proclamé la banqueroute de la science (1), constaté son impuissance à éclairer l'homme sur la redoutable question de son origine et de ses destinées, et surtout à asseoir sur une solide base le fondement du devoir. Sur les ruines du matérialisme démodé, semble refleurir l'Idéalisme (2), mais plus vivace, épuré au creuset de la critique, vivifié par l'épreuve et enrichi des observations nouvelles de la pensée philosophique. Toutefois, ce renouveau est plutôt encore une aspiration, un désir, qu'un système solidement étayé.

Si l'inanité des efforts tentés dans une direction opposée a montré à beaucoup d'esprits sincères, l'impuissance du *naturalisme*, sous que'que nom qu'il se présente et les amène à demander une solu-

(1) Ce qu'on a appelé la faillite de la science n'est au demeurant que la banqueroute du *positivisme*. On comprend, en effet, de mieux en mieux, que ni pour la vie, ni pour la pensée les sciences positives ne suffisent. Il s'est donc produit un double mouvement de retour : d'un côté l'aspiration pratique vers le christianisme, source de force, principe de direction morale et sociale, d'autre part la renaissance ou la naissance d'une philosophie qui a trouvé dans l'étude de la science et de la pensée *immanente*, le besoin et la présence d'un élément *transcendant*.

(2) Nous ne prenons pas ici le mot *Idéalisme* au sens étroit et *systématique*, mais en tant qu'il désigne toute doctrine reconnaissant l'existence et la nécessité d'un élément transcendant, supérieur aux données des sens et de la matière.

tion pratique et efficace à l'idée religieuse, il n'en reste pas moins vrai que le problème religieux, l'accord de la raison et de la foi n'a pas encore trouvé sa solution rationnelle, pour beaucoup d'esprits angoissés par le doute.

Au milieu des ruines et de la corruption amoncelées par la critique irréligieuse et l'effort destructeur d'une fausse science, a jailli un rayon de lumière :

Une immense espérance a traversé la terre.

D'éminents penseurs et artistes, en se réfugiant au sein du catholicisme, nous ont traduit, en d'éloquentes pages, et leur soif d'idéal inétanchée par la banqueroutière science, et leur bonheur d'avoir trouvé le vrai et le repos du cœur dans l'Eglise du Christ. Toutefois, si beaucoup entendent en leurs âmes l'appel divin, se sentent émus et touchés des beautés de l'Evangile, effrayés de la bassesse et de la fragilité de la nature, ils n'osent entrer résolument dans le temple et soumettre leur raison aux exigences dogmatiques de l'Eglise. L'histoire récente des idées nous le montre clairement, il y a, d'une part, un incontestable rapprochement entre le christianisme, source de vie morale et, d'autre part, une indéniable antinomie entre le christianisme dogme et la pensée contemporaine. Serait-il possible de cueillir le fruit en condamnant la branche qui l'a porté et nourri de sa sève ? Il y aurait contradiction à l'affirmer. La morale chrétienne n'est forte et efficace que par son fondement divin, l'autorité de son céleste législateur. L'œuvre de l'apologiste est donc, à l'heure actuelle, de dissiper le malentendu, de montrer qu'il y a continuité, homogénéité entre ce que la religion enseigne et ce qu'elle commande, de faire saisir à l'ombrageuse raison des penseurs contemporains l'harmonieuse proportion entre la philosophie et la foi.

Nous n'avons pas à discuter encore la légitimité de certaines exigences. Sont-elles le fruit normal de l'évolution des idées, ou le désastreux résultat de systèmes destinés à périr ? Devons-nous les regarder comme l'expression sincère d'un besoin de la pensée philosophique ou comme la ressource dernière de l'irréligion acculée à ses derniers retranchements. Les avis sont partagés, et de bonnes raisons peuvent s'entendre en tous sens, d'autant plus qu'il n'y a pas « *la pensée contemporaine* », mais « des *pensées et des penseurs* », et bien que semblables, fondamentalement identiques soient les *desiderata* de tous, dissemblables aussi sont les mobiles et la genèse de l'incrédulité et des exigences de chacun.

Quoi qu'il en soit, constatons, et ce n'est plus ici une question d'interprétation ou de système, mais une question de fait, qu'actuellement le conflit entre la pensée religieuse et la pensée moderne est évident sur certains points exactement déterminables, et qu'aussi évident est, d'autre part, leur rapprochement, leur désir mutuel d'entente et d'union.

Il a été, en effet, assez fréquemment répété par plusieurs auteurs contemporains, que la croyance religieuse est affaire plutôt de sentiment ou de volonté que de raison. La philosophie actuelle dénie volontiers à la démonstration traditionnelle du dogme toute valeur scientifique. Pour MM. Brunetière et Balfour, par exemple, il faut distinguer entre la croyance scientifique et la croyance religieuse. Pour M. Balfour, la croyance devient une sorte de *fidéisme a priori*. M. Brunetière reconnaît, dans la morale, la politique et la religion une part d'*irrationnel* (1). Quelle que soit la *valeur intrinsèque* de l'apologétique traditionnelle, il faut bien reconnaître qu'elle est, *en fait*, sans force auprès d'un grand nombre d'esprits plus ou moins imbus de criticisme. Il y a, en effet, un étrange conflit entre la méthode et les exigences de la pensée moderne, et la méthode et les données de la théologie. Deux caractères distinguent la philosophie actuelle, l'*autonomie* et le *déterminisme* (2).

(1) Cf. le livre de M. Balfour, avec préface de M. Brunetière, et en outre la *philosophie de Balfour*, par J. Rey (Paris, Lethielleux).

(2) Ce serait une erreur de prendre, ici et chez certains philosophes actuels, le mot de déterminisme au sens étroit de système

Elle a été fort justement définie « une libre critique de la vie humaine selon la méthode d'immanence »(1).

Il serait trop loin de notre but immédiat de chercher à justifier ou à réfuter cette définition de la philosophie, de montrer le point précis par où elle diffère de l'ancienne par sa méthode, ainsi que l'analogie fondamentale de l'une et de l'autre.

Constatons simplement que l'évolution des idées de Descartes à Kant a logiquement mis le problème philosophique sur le terrain de l'immanence.

Il est évident que pour un esprit imbu de cette philosophie, attaché aux exigences légitimes ou non de la critique actuelle, l'ancienne apologétique ne peut avoir aucune action démonstrative, car elle se meut dans un ordre d'idées complètement différent. Entre l'Intellectualisme dogmatique de la synthèse scolastique et l'autonomie critique de la pensée moderne il y a un abîme.

Qu'exige, en effet, la notion d'immanence ? « C'est, dit M. Blondel, que rien ne peut entrer en « l'homme qui ne sorte de lui, et ne corresponde, en « quelque façon, à un besoin d'expansion, et que ni « comme fait historique, ni comme enseignement « traditionnel, ni comme obligation surajoutée du « dehors, il n'y a pour lui vérité qui compte et pré- « cepte admissible, sans être de quelque manière au- « tonome et autochtone (2). »

D'autre part, le fond de la religion est le surnaturel, c'est-à-dire ce qu'il est impossible à l'homme de tirer de soi, et qui s'impose pourtant à son être tout entier.

On voit donc clairement le point précis du litige, et quel est, pour la pensée moderne, le nœud du problème religieux.

---

négateur du libre arbitre. Il faut l'entendre au sens plus large de solidarité universelle et de liaison des phénomènes.

(1) A Lamy. — *A propos d'apologétique contemporaine. Le Sillon*, p. 536 — 1896.

(2) *Lettre sur les exigences de la pensée contemporaine en matière d'apologétique.* — Tirage part, p. 28.

Il consiste justement dans la contradiction apparente du surnaturel et de l'ordre des choses tel qu'il est défini par la philosophie et la science du jour. D'une part déterminisme, liaison et enchaînement des phénomènes où chaque fait trouve sa raison d'être dans le fait antérieur ; autonomie de la pensée. D'autre part, intrusion d'une force nouvelle, qui rompt la liaison établie, introduit une solution de continuité dans le déterminisme universel, violation de l'autonomie par le don surérogatoire d'un surnaturel contradictoire dans son origine et ses effets, puisqu'il est à la fois une *grâce*, c'est-à-dire un don purement gratuit, et une *dette*, en ce sens que l'homme ne peut ni le repousser ni en décliner la responsabilité sans compromettre son avenir éternel. Inacceptable paraît donc le surnaturel, odieux même, tyrannique en quelque sorte, puisqu'il n'y a pas symétrie dans les alternatives.

Le point en litige est donc nettement défini, nettement aussi apparaît le rôle actuel de l'apologétique. Il consiste surtout à résoudre l'apparente antinomie, à montrer que le surnaturel, dans son *hétéronomie*, ne viole ni l'*autonomie* de la pensée, ni le *déterminisme* universel. Que loin de lui opposer, *a priori*, une fin de non-recevoir, il faut, au contraire, en établir la possibilité et l'adaptation avec la nature. L'apologiste devra donc commencer par établir que le surnaturel ne constitue ni une intrusion, ni une violation de la personnalité, mais qu'il la complète et la perfectionne, qu'il n'est pas davantage un fait isolé, sans précédent, sans racines dans l'individu, mais que tout en demeurant purement et entièrement gratuit, il est chez lui dans notre nature.

On comprend, dès lors, comment et pourquoi l'apologétique traditionnelle demeure en *fait*, pour nos modernes incrédules, sans raisons démonstratives, pourquoi elle n'exerce aucune réelle influence sur la pensée, et demeure impuissante à établir les titres de créance du surnaturel et de la Foi. Non qu'elle ait rien perdu de sa vigueur native ou qu'il lui faille refuser toute force et valeur intrinsèques, puisqu'au contraire nombre d'esprits cultivés s'en contentent fort bien, mais elle ne traite ni n'atteint le problème nouveau. Nous ne lui reprochons pas davantage (le croire serait mal interpréter notre pensée) de n'avoir pas su montrer la liaison du surnaturel et de la nature, de n'avoir pas étudié la réceptivité de l'âme vis-à-vis de la grâce, mais simplement de n'avoir pas posé le problème tel qu'il s'impose, aujourd'hui, d'avoir traité comme conséquent ce qui actuellement s'exige comme antécédent et antérieur à toute acceptation de la foi par l'esprit.

Puisque l'objection a porté le débat sur le terrain de l'immanence, il en ressort que sous peine de faillir à sa tâche la réponse doit se mouvoir sur le même terrain, et partir, elle aussi, de l'étude immanente du moi vivant et agissant.

Cependant d'aucuns pourraient objecter, et avec raison semble-t-il au premier abord, que l'apologétique n'a pas à venir se placer sur un terrain qui n'est pas fondé. Les idées et tendances de la philosophie actuelle, l'apologétique doit plutôt, au préalable, en guérir les esprits, pour pouvoir subsister et agir.

Pourquoi, en effet, aller poursuivre les esprits dans l'erreur absolue, s'asseoir à l'école des maîtres du mensonge ? Ne serait-ce pas plutôt à eux de désapprendre et d'abjurer leurs systèmes, de se remettre passivement à la direction *ab ovo* des dépositaires de la saine tradition ?

Dans cette réponse est précisément l'erreur et le principe du malentendu. Il ne s'agit nullement, pour l'apologiste moderne, d'épouser une théorie idéaliste, d'admettre le préjugé kantien, de se plier à des exigences de système dont on pourrait légitimement contester la justesse. Mais il s'agit d'étudier une question antérieure à tout système, de pratiquer une méthode aussi étrangère à l'idéalisme qu'au réalisme. Le travail d'investigation interne, de self-introspection, qui constitue la méthode d'immanence, ne préjuge en rien la solution idéaliste, réaliste ou phénoméniste du problème métaphysique.

Du reste, un trop intransigeant dogmatisme serait un singulier moyen d'amener les esprits à la lumière. Il ne faut pas perdre de vue cette incontestable vérité que, si le Vrai objectif est un, si identiques demeurent les lois fondamentales de la conscience, diverses sont les méthodes, et différents les points de vue. La raison n'opère pas d'une manière uniforme chez tous, je n'en veux d'autre preuve que la diversité des systèmes. « Il y a, dit le P. Laberthon« nière (1), des vérités pour vous qui sont des erreurs « pour moi et réciproquement. Et qu'avons-nous à « faire, si ce n'est justement de travailler à mettre « nos raisons d'accord ? — Mais nous avons beau « raisonner conformément à toutes les lois de la lo« gique, si chacun de nous, sous prétexte de respec« ter en lui la valeur de la raison humaine, reste ce « qu'il est, fixé dans son point de vue, l'accord ne « s'établira jamais, et d'autant moins même qu'on « raisonnera mieux ; encore une fois, ce n'est pas « qu'il soit inutile ou même nuisible de raisonner ; « mais pour aboutir au but il faut se mouvoir en « raisonnant, il faut se modifier, il faut au moins, « par condescendance et charité, se mettre à la place « des autres et à leur point de vue pour les com« prendre. Celui qui gît dans un souterrain ne peut « pas voir comme celui qui se dresse debout sur une « montagne. »

Il importe encore de ne pas confondre la recherche initiale et immanente de l'être, hors de systèmes préconçus, la position de l'apologiste sur un terrain commun, avec un scepticisme dédaigneux de toute École, ouvert à tous, puisqu'il n'est inféodé à aucun.

Nous ne nions pas la valeur objective de la pensée, nous ne prétendons pas que l'erreur d'aujourd'hui devienne la vérité de demain. Mais il faut tenir compte, et certains peut-être l'ont trop négligé, du

<hr>

(1) P. Laberthonnière. — *Le Dogmatisme moral. — Annales de philosophie chrétienne*, p. 168 — Novembre 1898.

rôle et de la valeur de l'esprit humain dans l'acquisition du Vrai. Êtres finis et intelligents, par suite perfectibles, nous ne recevons pas la vérité *tota simul* dans la splendeur de son intégrité, mais d'une manière symbolique et fragmentaire. *Videmus per speculum et in œnigmate.* L'illusion est l'inséparable compagne de nos systèmes, l'histoire des idées est le récit de l'éternelle lutte de l'humanité à la conquête du Vrai.

Quoi de plus contradictoire alors que de répudier l'effort universel de là philosophie, d'opposer à l'évolution normale des systèmes l'immuable fidélité à ceux qui ne sont plus. Est-ce à dire que notre vie intellectuelle doive flotter de théories en théories, briser les idoles d'hier pour adorer les dieux d'aujourd'hui, en attendant d'en faire le piédestal des divinités de demain ? La philosophie n'est pas plus le dilettantisme des systèmes que l'immobilité d'une tradition têtue, elle est dans la vie de l'esprit, le développement normal de la pensée, la fidélité non aux définitions purement nominales, aux traditionnelles formules (1), mais à l'idée directrice de la science.

Nous devons aux pères de la pensée cet hommage de les regarder comme des guides et des flambeaux, plutôt que comme des geôliers. En allant au vrai de toute leur âme, ils ont voulu nous affranchir et non nous forger des chaînes.

RÉSUMÉ DU CHAPITRE I

1°) Aspiration de la pensée contemporaine vers l'idée chrétienne.

---

(1) En parlant ici des traditionnelles formules, nous mettons évidemment hors de cause les formules fixes des définitions officielles de l'Église. Quant aux formules philosophiques, ce qu'il y a de nécessairement variables en elles, c'est leur interprétation. Et c'est dans le sens du plus ou moins de valeur et de compréhension qu'on leur attribue, que doit se faire le progrès. C'est, par exemple, une formule acceptée par la théologie et la philosophie de l'École que *anima est forma corporis* ; cela n'empêche pas qu'une foule d'interprétations sont et demeurent possibles dans la limite de la même formule.

2°) D'autre part, antinomie entre les notions fondamentales d'*autonomie* et de *déterminisme*, et l'*hétéronomie* d'un surnaturel gratuit.

3°) D'où nécessité pour l'apologiste de se placer vis-à-vis de la question, de résoudre l'apparente contradiction en se mettant sur le terrain de l'immanence.

4°) Cette position ne préjuge en rien la solution métaphysique des problèmes, mais s'impose à l'esprit par la nature même de l'évolution des idées.

CHAPITRE II

APOLOGÉTIQUE ET APOLOGIES

Après avoir précisé le point à toucher dans l'étude du problème religieux et la méthode à suivre, il importe de définir et de délimiter la nature, le rôle et la valeur de l'apologétique.

« L'apologiste, dit le Dr Hettinger (1), signifie « proprement science de l'apologie, ἀπολογία de même « que dogmatique signifie science des dogmes. L'a- « pologétique est donc la défense savante du chris- « tianisme par l'exposé des raisons qui l'appuient ».

Connexe à la dogmatique par l'identité de *l'objet matériel*, elle en diffère par la méthode et le but, par ce que les théologiens appellent *l'objet formel*. « L'apologétique, dit encore le Dr Hettinger (2), « traite ces questions par le côté qui intéresse la rai- « son naturelle, par leur côté saisissable, la dogma- « tique les envisage sous le point de vue et à la lu- « mière de la foi. L'apologétique a pour mission

(1) Dr Hettinger — *Théologie fondamentale et apologétique* — Trad. Belet. Éd. Palmé. Introduction p. 9.
(2) *Loc. cit.* p. 42.

« d'approfondir l'autorité divine de Jésus-Christ et de
« son Église, en s'aidant de la recherche philoso-
« phique et historique, condition extérieure, prépa-
« ration humaine à la foi divine en Jésus-Christ. La
« dogmatique prend son point de départ dans la foi
« et cherche à développer systématiquement le fond
« de la doctrine révélée par Jésus-Christ et déposée
« dans l'Église. L'apologétique part de ce qui est gé-
« néralement humain pour arriver à ce qui est spéci-
« fiquement chrétien, pour aboutir au terme qui
« est assigné à l'homme dans le plan de la Provi-
« dence, et pour lequel il se sent en lui-même des
« dispositions innées ; elle cherche à faire comprendre
« comment l'âme est naturellement chrétienne. »

On ne saurait mieux définir le rôle et le but de
l'apologétique. Elle est une science rationnelle basée
sur des arguments humains dont elle tire ce que les
théologiens appellent le jugement de *crédibilité* et de
crédentité. Par le premier elle nous montre l'acte de
foi comme raisonnable, par le second comme nécessaire.

L'apologétique devra donc suivre la marche de la
philosophie, fournir aux besoins nouveaux des éléments appropriés, des armes spéciales contre l'objection surgissante. Elle est donc essentiellement
évolutive dans ses différentes méthodes de combat,
puisqu'elle n'est que la philosophie appliquée à la
légitimation du surnaturel, science à la fois de tradition et d'actualité.

Elle doit donc, par destination, tenir compte des
exigences actuelles de la pensée. Cela ne veut pas dire
qu'il lui suffise de jeter en passant l'aumône dédai-
gneuse d'un argument vieilli, mais elle doit prendre
pied avec l'adversaire, saisir l'objection corps à corps.
Il faut bien le reconnaître, du reste, et le regretter en
passant, cet élémentaire procédé de tactique a été un
peu trop méconnu de nos jours. Lisez bon nombre
de réfutations, dues pourtant à des plumes savantes
et exercées, et vous constaterez avec surprise que la
réponse ne porte pas, n'atteint pas l'ennemi, c'est

une balle perdue. Excellents comme constructions logiques, comme œuvres originales, beaucoup de ces travaux ne sont d'aucun poids sur l'esprit de ceux qu'il s'agissait justement de frapper, ils ne persuadent que les convaincus.

La première condition pour saisir l'objection et la discuter avec fruit, c'est de la comprendre. Évidemment, cela ne paraît qu'un grossier truisme, mais ne vous y fiez pas, le conseil n'est pas si facile à mettre en pratique qu'on le pourrait croire. Nous verrons en effet, plus tard, combien peu certains systèmes ont été saisis de leurs adversaires. Comprendre, c'est saisir la pensée dans son intégrité native, dans son évolution, ses origines et ses conséquences. Le plus redoutable écueil en la matière est la terminologie. Chaque auteur a son vocabulaire, et rien n'est si instable et si mal défini que le lexique philosophique. La marche des idées, en déplaçant l'axe des problèmes, a modifié, par le fait, la langue des penseurs. Lire les auteurs modernes, les interpréter selon l'extension et la compréhension des termes scolastiques, est se condamner d'avance à de grossiers contresens. Réciproquement aussi les critiques modernes errent souvent en lisant à leur manière les œuvres des défenseurs et amis de l'École.

La réfutation de l'erreur exige donc ce premier et indispensable travail d'interprétation. Il est délicat et ardu. La meilleure disposition d'esprit pour le mener à bonne fin c'est la bienveillance et l'absence de préjugés hostiles. Je ne comprendrai pleinement la pensée d'autrui qu'à la condition de la vivre un instant, d'en subir quelque peu le charme. Non qu'il faille de parti pris pactiser avec le faux, mais il est nécessaire de rechercher, sous les phrases que l'on épluche, plutôt la vérité que l'erreur. Lire un ouvrage en s'imposant la tâche de découvrir des hérésies à chaque ligne, de redresser les divergences de terminologie est se condamner d'avance à l'insuccès. Éviter aussi de classer trop vite l'auteur dans un système déterminé. Il y a des écoles philosophiques, des systèmes généraux, ils imposent une manière de penser, et surtout une méthode commune, mais ils ne revêtent pas d'une uniforme livrée l'esprit de leurs disciples. A parler net, surtout à l'heure actuelle, il y a autant de systèmes que de philosophes. *Tot capita, tot sensus*, l'adage est vieux.

Du reste, et c'est un problème que je me permets de signaler incidemment à la sagacité des penseurs : Est-il possible d'embrasser un système quelconque sans le modifier en l'acceptant, sans le refondre en se l'assimilant. Parce qu'un écrivain fait intervenir, par exemple, la méthode interne, est-ce une raison pour en faire un kantien ou un idéaliste ? La loyauté intellectuelle et les intérêts de la cause à défendre font à l'apologiste un devoir strict de cette interprétation entière et libérale, première et indispensable condition d'une discussion féconde.

Reconnaissons encore que ce premier travail de critique, cette compréhension des systèmes évite des pas de clerc et des discussions sans fondement. Que d'idées ne diffèrent au fond que par la manière dont elles sont exprimées, et n'arrive-t-il pas souvent que « nos tintamarres de cervelles philosophiques » ne sont que pure logomachie.

Telles sont les conditions de tout travail apologétique, et pour éviter encore de fâcheux malentendus, distinguons nettement l'apologétique de l'apologie.

L'apologie n'est qu'une défense *partielle* et *matérielle*, la démonstration d'un point particulier, la réfutation d'une erreur donnée. Il peut y avoir et il y a, de fait, plusieurs apologies, puisque l'attaque peut porter sur plusieurs points et se renouveler sous diverses formes, tandis qu'il ne peut y avoir et qu'il n'y a, au fond, qu'une apologétique. L'apologétique est donc pour nous *l'unité totale* et *formelle*, la *synthèse systématique* de la démonstration évangélique, avec l'étude de ses limites, de son organisation, de la valeur et de la solidarité de ses parties. Il est donc inexact d'opposer l'un à l'autre les diverses formes d'apologies, de mettre en regard la valeur comparée de l'apologie historique, scientifique ou psychologique, de regarder comme antagonistes l'apologétique classique et traditionnelle et l'apologétique dite nouvelle. Chacune a sa valeur, son but et son opportunité. Elles ne s'excluent ni ne se remplacent, mais offrent une solution diverse aux objections diverses, un breuvage différent à chacune des soifs de l'esprit. Pour finir, elles se complètent l'une l'autre, et s'harmonisent dans la synthèse finale. La véritable apologétique, dans son ensemble, est donc cette critique, cette synthèse des différentes apologies, d'où ressort comme conclusion dernière, la *gratuité*, la *liberté* et la *nécessité* de la foi.

Un nouveau problème se pose, c'est celui de la valeur du travail apologétique. Le surnaturel est par définition inaccessible, ineffable et gratuit ; de quelle manière le travail de notre raison en montre-t-il l'objective existence, la réalité ? — Que valent les diverses formes d'apologétique ? De quelle manière la philosophie doit-elle intervenir dans la solution du problème religieux ? Quelle sera la valeur démonstrative de la synthèse totale ? Autant de questions qu'il importe de ne pas laisser sans réponse.

RÉSUMÉ DU CHAPITRE II

1°) L'apologétique est (a) la défense du christianisme.

(b) sa démonstration rationnelle, sous certaines conditions et limitations.

2°) Puisqu'elle est *rationnelle*, elle doit tenir compte des *exigences* de la raison.

3°) Le travail préliminaire de l'apologiste est l'interprétation exacte et loyale des systèmes contraires.

4°) Différence entre l'apologétique *synthèse systématique*, et les *apologies défenses* partielles et matérielles.

CHAPITRE III

LA VALEUR DES DIVERSES FORMES APOLOGÉTIQUES

Dans sa lettre sur les exigences de la pensée contemporaine en matière d'apologétique, M. Blondel fait la critique des diverses méthodes et en étudie la portée et la valeur.

La marche qu'il a adoptée, nous croyons devoir, nous aussi, la suivre. Mais, avant de passer plus loin, une remarque s'impose. Ce serait mal interpréter l'auteur cité, que de lui reprocher le dessein de discréditer telle ou telle apologie. Le but poursuivi par M. Blondel dans la partie critique de sa lettre est plutôt, croyons-nous, de montrer comment chacune des apologies, insuffisante si on la considère à part comme démonstrative, doit se rattacher pour reprendre, avec sa place légitime, toute sa valeur au problème de l'apologétique formelle. C'est également dans cet esprit que nous allons le suivre dans l'examen annoncé.

L'auteur commence d'abord par protester contre l'abus de la *fausse philosophie* ; c'est, en effet, mal défendre la vérité que de l'appuyer sur des arguments sans valeur. La loyauté intellectuelle ne nous permet pas d'user de preuves banales ou vaines, la responsabilité morale ne nous autorise pas à rendre la vérité solidaire d'une erreur de méthode ».

Quelle est maintenant cette fausse philosophie à éviter ? Il ne faudrait pas ici, je le crois, trop lire entre les lignes et prétendre que M. Blondel ait voulu étiqueter de ce nom tel ou tel système particulier. La fausse philosophie consiste en une erreur de méthode, en une insuffisance d'arguments. Elle peut donc en même temps être une *philosophie vraie*.

Aussi bien l'auteur ne tarde-t-il guère à nous avertir de ne pas confondre la fausse philosophie avec la philosophie fausse. La première s'entend au point de vue logique ou méthodologique, la seconde au point de vue de la vérité objective. En faisant attention à cette distinction, on eût évité d'adresser à M. Blondel des reproches totalement injustifiés.

Que vaut maintenant l'apologétique scientifique ?

« Il n'y a pas, dit M. Blondel (1), plus accord ou « conflit possible entre la science ou la métaphy- « sique, qu'il n'y a rencontre entre deux lignes tra- « cées dans des plans différents ». Toutefois, il ne faudrait pas encore ici outrer la pensée de l'auteur et croire qu'il dénie tout rôle aux sciences dans la solution des grands problèmes. Il soutient simplement que les théories des sciences positives ne peuvent être prises « pour élément matériel des constructions métaphysiques ». Il serait intéressant de développer le problème simplement indiqué ici, c'est-à-dire comment les sciences positives se lient à la vie, et comment du « sentiment indistinct de cette liaison » est venue l'erreur de ceux qui ont attribué à la science un rôle trop prépondérant, lui ont demandé plus qu'elle ne pouvait donner.

On nous permettra ici d'insister encore sur la portée et la valeur réelle de l'apologétique scientifique.

Il y aurait erreur à croire que la science serait démonstrative du grand mystère. Elle peut nous renseigner sur la réalité vivante et matérielle que nous sommes ; lui demander de nous éclairer sur nos origines et nos destinées est exiger plus qu'elle ne peut et ne doit donner, c'est la superstition scientifique. La science ne peut directement démontrer ni pour ni contre la foi. L'erreur principale fut du côté de ceux qui, enivrés des conquêtes de la science, l'opposèrent à la foi comme une rivale, comme la lumière aux ténèbres. Il peut en être ainsi, si on défi-

____
(1) p. 7.

nit avec eux la science l'explication des choses par l'expérience et l'observation, la foi, l'ingénieuse hypothèse qui éclaire l'inexplicable par le surnaturel, *obscurum per obscurius*. Tel n'est pas le vrai concept de la foi. Elle est une connaissance propre, ayant un objet distinct, le fait surnaturel. Et le surnaturel, à son tour, ne nous est pas présenté comme la seule explication plausible du mystère, la satisfaction provisoire de notre besoin de comprendre et d'expliquer. Il s'impose à nous tout ensemble par l'autorité de la foi et par les exigences de notre nature. Il a été reçu, et non imaginé. C'est un don venu au dehors, ce n'est pas une création de notre propre activité.

Le rôle précis et véritable de l'apologétique scientifique est de montrer dans ce sens qu'il ne peut y avoir opposition contradictoire entre le dogme et les hypothèses scientifiques. De le montrer : 1° *a priori* par la diversité des points de vue ; 2° *a posteriori*, par l'étude du fait scientifique, en faisant voir qu'il n'enferme rien d'hostile aux données de la Révélation.

L'apologie scientifique a donc un caractère principalement négatif, c'est une science de combat. Elle eut son heure d'utilité, elle fut indispensable et, sur ce terrain, d'éminents penseurs et savants ont avantageusement servi la cause du Vrai (1).

L'apologétique historique aura-t-elle une action plus démonstrative ? Non, car il est une chose que ne saurait nous montrer la critique historique, c'est la nécessité pour nous d'adhérer au surnaturel, car le commandement qui retentit au dehors ne peut être compris ni suivi sans un double travail préalable et concomitant de la conscience et de la grâce intérieure.

(1) C'est pour nous un hommage de justice et de reconnaissance dû à la mémoire d'un maître vénéré, de citer l'abbé Duilhé de Saint-Project, dont *l'Apologie scientifique de la foi* fait époque dans les annales apologétiques du XIX° siècle. Cet ouvrage eut d'ailleurs un succès mérité.

Du reste, dit fort bien M. D. Hesse (1), « les faits
« divins, vus de l'extérieur, ne sont que des symboles,
« et symboles à double sens, puisque finis ils con-
« tiennent l'infini, puisque, bornés dans la nature, ils
« contiennent sans éclater l'immensité de la surna-
« ture. Qui n'est préparé intérieurement à découvrir
« ce surnaturel et ce divin, qui n'a ce sens religieux où
« Schleiermacher avait le tort de confiner le chris-
« tianisme, et dont les apologistes ont le tort de ne
« pas tenir assez compte, ne verra pas ce prodige
« d'un phénomène qui cesse tout entier d'appartenir
« à la série des phénomènes.

« Donc, l'apologétique historique ne s'impose pas
« et n'impose pas. »

Il est difficile à ceux qui ont la foi et en vivent,
sont mûrs pour reconnaître l'action divine où elle se
manifeste, de saisir le peu de portée démonstrative du
pur fait de la Révélation sur l'esprit des incrédules.
Ceux qui en rejettent la portée, l'interprétation surnaturelle, ne sont pour la plupart ni ignorants ni de
mauvaise foi.

M. l'abbé Ch. Denis (2), dans son remarquable
travail sur l'apologie philosophique du christianisme,
précise fort bien les exigences de l'incrédulité vis-à-
vis du fait empirique.

« 1º Le fait historique que Dieu a parlé exige, dit-il,
« pour devenir un argument solide, dans l'ordre de
« la certitude humaine, la crédibilité du témoignage,
« c'est-à-dire un ordre de faits où la psychologie et
« l'histoire poseront une foule de conditions et d'exi-
« gences. 2º Il exige de remettre scientifiquement
« dans son milieu exact, temps, lieu, individus, té-
« moins, une foule de choses mobiles et variables,
« qui prêtent le flanc à une masse de questions et de
« problèmes peut-être insolubles pour un homme du
« xxᵉ siècle, par rapport aux origines indétermina-
« bles où plonge la Révélation. 3º Cette dernière

(1) D. Hesse. — *La position du problème religieux.*

(2) Abbé Ch. Denis. — *Annales de philosophie chrétienne,*
août 1897, p. 578.

« exigence rend la démonstration chrétienne tribu-
« taire de l'histoire, des découvertes qu'elle fait pour
« ou contre la thèse qu'on veut prouver. Si l'apolo-
« giste s'en tient là, il n'a plus qu'à collectionner les
« faits qui militent au petit bonheur en faveur de sa
« thèse. Il n'a pas à sa disposition de méthode pour
« les déterminer et en éliminer les scories étrangères.
« 4° Enfin, le témoignage historique que Dieu a parlé
« implique des *conditions* métaphysiques qui com-
« pliquent la question aux yeux de l'incrédulité. »

Faut-il conclure alors que l'étude historique des
faits surnaturels n'offre plus qu'une simple satisfaction intellectuelle au dilettantisme des convaincus ?
Si l'histoire n'est plus une démonstration, est-elle
autre chose qu'un thème à variations diverses, arme
contre la foi pour l'incrédule, en faveur de la foi aux
mains des croyants ?

Il nous reste donc à établir et ce que l'histoire ne
démontre pas et ce qu'elle donne en réalité.

Si nous supposons le surnaturel absent de la vie,
rejeté comme impossible, se heurtant à une fin de
non-recevoir, l'étude du fait historique ne pourra
l'imposer à ceux qui ne le veulent point voir. La raison philosophique en est dans la nature même du
fait surnaturel réalisé dans les limites de l'espace et
du temps, divin et inexplicable dans sa cause et ses
effets, humain et matériel dans son sujet et son milieu. Il est donc susceptible d'interprétations diverses
selon le point de vue auquel on se place, le côté particulier que l'on veut envisager. Nous savons fort
bien qu'une manifeste dérogation aux lois de la nature constitue, aux yeux du gros bon sens, une preuve
de l'existence du surnaturel, et nous ne prétendons pas
nier qu'elle ne soit la manifestation visible de l'invi-
sible puissance. Mais à tout prendre, étiqueter un
fait comme surnaturel, miraculeux, c'est interpréter,
et cette interprétation n'est possible qu'à la condition préalable d'admettre la possibilité d'une telle in-
tervention.

Or, si on nous objecte l'impossibilité prévue du

surnaturel, son incompatibilité, prétendue démontrée, avec les lois qui régissent les êtres, réussirons-nous à interpréter n'importe quel fait comme surnaturel ou miraculeux ? La réponse n'est pas douteuse. Il est évident qu'on ne saura pas nous donner une explication scientifique et surtout satisfaisante, mais on nous répondra que la science n'est pas tenue de tout expliquer, qu'elle élucide aujourd'hui l'inexplicable d'hier et que l'insondable énigme de la veille pourrait devenir claire demain. Au demeurant, l'explication donnée, plausible ou non, ne fera rien à l'affaire, et nous nous butterons toujours à l'arrêt prononcé contre l'immixtion d'un pouvoir transcendant. Etant donné une telle disposition d'esprit, si commune chez nos contemporains, l'apologétique historique n'a plus par elle-même valeur *pratique* et *effective*.

La marche à suivre est toute tracée. Elle consistera, le bon sens l'indique, à déraciner le préjugé hostile au surnaturel, et cela non en opposant thèse contre thèse, affirmation contre affirmation, mais en étudiant la question là précisément où est le nœud à résoudre. Il faudra donc montrer, au préalable, par l'étude des lois naturelles, que ni le déterminisme général ni l'autonomie de la pensée ne sont violées par l'intrusion du surnaturel. Et comme diverses peuvent être les interprétations métaphysiques des choses selon que nous nous adresserons à un idéaliste, phénoméniste, etc... la bonne méthode sera de saisir ces lois dans la seule réalité immédiatement saisissable, dans la conscience, dans l'étude immanente du moi vivant et agissant. Lorsque cette première recherche nous aura montré non seulement les titres de possibilité, mais aussi les lettres de naturalisation du surnaturel chez nous et en nous, nous serons mûrs pour reconnaître l'action divine dans les événements extérieurs. L'étude historique des faits religieux et transcendants reprendra toute sa valeur. Bien plus, elle sera au contraire postulée alors par les propres exigences de la démonstration.

Elle sera solide et féconde, puisqu'elle aura trouvé un solide et incontestable point d'appui.

Quel sera donc, pour terminer, le sens et la portée du fait historique chrétien ? Ce sera de fournir au dehors l'aliment vital dont l'appétit interne a besoin pour se rassasier pleinement et pour entrer en communion active et pratique avec Dieu.

Il serait donc aussi peu philosophique d'en méconnaître la haute et sérieuse valeur que d'en exagérer la portée.

Déjà plusieurs penseurs avaient compris la nécessité d'appuyer sur l'étude interne du sujet la démonstration religieuse. M. Yves Le Querdec, par exemple, développe l'identité du christianisme et de la vie. « Mais, dit M. Blondel (1), cette analyse « approfondie des nécessités de la vie prouve elle « aussi trop ou trop peu. Trop, car le christianisme « non seulement comble les besoins de notre âme, « mais en suscite de nouveaux. Trop peu, car de ce « parallélisme conclure à la vérité c'est dépasser les « prémisses de l'argumentation. »

Avant lui, M. Ollé-Laprune avait cherché à montrer les affinités profondes du christianisme et de la nature. Selon lui, la religion est vraie parce qu'elle est divinement humaine.

« Mais, objecte M. Blondel (2), cette méthode « contient trop et trop peu ; car si l'on montre qu'il y « a coïncidence parfaite entre le contenu de la Révé- « lation et la capacité de l'âme humaine, si l'on « pose d'emblée qu'il surpasse ou déconcerte même « la raison ou la nature, alors on quitte le terrain « de l'argumentation choisie et le champ de l'investi- « gation naturelle. Elle définit mal la relation de « l'ordre surnaturel avec le naturel. »

La méthode de M. Ollé-Laprune, aussi bien que celle de M. Fonsegrive, supposent déjà donné le surnaturel. Elles ne partent pas de l'hypothèse du surnaturel absent de la vie. L'une et l'autre montrent

(1) *Lettre*, p. 18.
(2) *Loc. cit.*, p. 13.

excellemment comment la religion répond à nos besoins intimes et à nos aspirations. Elles rentrent
dans la catégorie des critères internes de l'apologétique classique. Ils ont leur valeur, nombre d'esprits
s'en accommodent, mais à eux seuls ils ne fournis-
sent pas une démonstration adéquate et suffisante.
M. Blondel le remarque fort bien dans le passage
cité plus haut ; il serait peut-être dangereux, pour
les besoins de la cause, de trop leur demander. A un
certain point de vue, qui est le vrai et le leur, ils
restent inférieurs, non à leur tâche, mais aux exigences totales de la raison. Ils sont une apologie et
non l'apologétique. A un autre point de vue, ils dé-
passent le but. C'est-à-dire que si l'on veut presser
cette preuve et la rendre concluante, on risque de
tomber dans le naturalisme ou le semi-rationalisme.

Reste maintenant à rechercher la valeur de l'apologétique classique, basée sur la philosophie scolastique et thomiste. Elle synthétise, harmonise et
groupe divers critères, diverses apologies partielles.
Que vaut cette synthèse, et quelle est surtout son
action démonstrative ?

« Cette méthode, dit le R. P. Le Bachelet (1),
« *suppose* prouvées par la raison philosophique l'exis-
« tence de Dieu et les autres vérités fondamentales,
« sans lesquelles on ne peut concevoir ni principe
« suffisant de moralité, ni religion. Elle démontre di-
« rectement, soit par la philosophie, soit par l'his-
« toire, la *possibilité* et le *fait* d'une révélation
« divine ayant un caractère obligatoire pour tous les
« hommes, destinés qu'ils sont par Dieu à une fin
« surnaturelle. Pour établir le fait de la révélation
« divine, il y a des signes ou caractères de diverses
« sortes. »

La valeur *intrinsèque* de l'apologétique traditionnelle est et demeure aussi incontestable qu'incon-
testée. Elle est une splendide synthèse de la raison
et de la foi. L'objet à croire y est présenté dans

(1) R. P. Bachelet, S. J. *De l'apologétique traditionnelle et de
l'apologétique moderne*, p. 31.

toute sa splendeur, dans tout son développement logique et son cortège d'arguments divers. L'histoire, la science, l'étude de la conscience humaine viennent tour à tour témoigner en faveur de la possibilité et du fait de la Révélation, en établir la valeur et la force obligatoire. Les différentes formes d'apologies déjà discutées et critiquées apportent chacune leur appoint à l'unité totale de l'œuvre, elles s'agencent et s'harmonisent de manière à former un édifice aussi indestructible que majestueux, la vérité y réside et ceux-là la possèdent dans toute sa plénitude auxquels il a été donné d'entrer dans le temple. Mais il faut le reconnaître, l'accès en est difficile aux esprits nourris et élevés dans la philosophie contemporaine. Si la tradition scolastique a su admirablement nous présenter l'objet à croire, il est une science préliminaire qu'elle n'a pas encore su nous offrir. C'est l'étude préalable des *conditions subjectives d'adhésion, d'assimilation et d'inhérence du surnaturel*.

Le syllogisme qui résume tout le *processus* de l'apologétique classique, fonde le jugement de crédibilité a ses présupposés philosophiques, c'est-à-dire l'existence de Dieu, etc... pour parler plus net, la possibilité du surnaturel.

Ici, il est nécessaire de s'entendre. En quoi consiste, aux yeux des penseurs modernes, la notion du surnaturel ? En cette idée particulière, qu'il est une intrusion dans l'ordre naturel d'un principe transcendant. Le surnaturel strict n'est pas pour eux plus difficile à admettre que le simple préternaturel, n'offre pas, aux yeux du philosophe, plus d'impossibilité rationnelle. La difficulté tout entière, pour la pensée moderne est, nous le répétons une fois de plus, d'admettre la violation apparente de l'autonomie humaine, du déterminisme universel. Ce préambule, nécessaire à l'apologie du christianisme, c'est-à-dire le surnaturel, montré possible, désirable et à un certain point nécessaire, la tradition scolastique ne nous le donne pas. Sans doute les traités de théo-

logie fondamentale consacrent une ou plusieurs
thèses à la question de la possibilité de la Révélation, mais leur point de vue n'est plus le même. Les
difficultés qu'ils tranchent ne harcèlent plus guère
les esprits, la question qui tourmente les consciences
modernes, les arrête au seuil du temple, non seulement ils ne l'effleurent pas, mais ils n'en donnent
même pas la notion.

Parmi les nombreux manuels de théologie à l'u-
sage des grands séminaires, ouvrons le premier
venu. Voici ce que j'extrais textuellement du *Cours
de théologie fondamentale* de M. Bonal, T. I, p. 60,
cap. II. « *Revelatio in se sumpta potest ex notione
modo tradita considerari sub quadruplici respectu,
modi scilicet, objecti, auctoris et subjecti et revera
sub hoc quadruplici respectu ejus possibilitas fuit
impugnata. Juxta enim rationalistas 1° modus præ-
ternaturalis veritatem manifestandi est in se impos-
sibilis ; 2° nec etiam sine rationis aut libertatis hu-
manæ injuria revelari possunt sive mysteria, sive
præcepta positiva ; 3° aliunde revelatio Deum de-
decet ; 4° tandem si revelatio non fiat æqualiter et
immediate omnibus aderit ex parte Dei acceptio
personarum vel de ea certo constare non poterit.* »

Dans une série d'articles, propositions et thèses,
l'auteur établit ensuite que rien dans le mode,
l'objet, l'auteur ou le sujet ne met obstacle à la
Révélation.

Il semble qu'en étudiant le mode de révélation, la
question capitale qui nous occupe aurait pu se glisser. Pas le moins du monde. L'auteur distingue entre
la Révélation *interne* et *externe*. La première est
possible, car 1° si Dieu a créé l'âme pensante, il
peut tout aussi bien agir sur elle ; 2° il peut produire en elle les sentiments possibles... or... donc...
La Révélation externe n'offre également aucune impossibilité, car il suffit 1° que Dieu puisse parler à
l'homme ; 2° que par la parole il puisse lui imprimer
quelque idée dans l'esprit ; 3° que l'âme puisse être
persuadée que Dieu parle et exige son assentiment.

Tout cela est possible, et M. Bonal écrit sans se soucier ou se douter des problèmes qui s'agitent autour de sa démonstration : « *Quis enim unquam Deo denegavit facultatem aeris particulas ita movendi ut claras voces efficiat. (Loc. cit.,p. 62.)* »

Cette citation suffira pour montrer abondamment que la difficulté mentionnée, non seulement n'est pas abordée, mais paraît même demeurer lettre morte pour certains théologiens. On comprendra, dès lors, le peu de portée de telles démonstrations sur nos contemporains. Elles glissent sans entrer, car elles s'attardent à résoudre des difficultés de peu d'importance et ne répondent pas à la question qui hante les esprits.

A part quelques nuances plus ou moins appréciables, ainsi ratiocinent tous nos traités de théologie fondamentale. En citer un, est les citer tous.

Ajoutons encore que la marche démonstrative de l'apologétique classique n'est pas philosophique au sens fort du mot, puisqu'elle se base sur des concepts hétérogènes.

La critique faite par M. Blondel nous impose un nouveau problème, que nous ne pouvons laisser plus longtemps sans réponse ; c'est celui des rapports de l'apologétique avec la philosophie. Si, en effet, on refuse de voir le surnaturel manifesté hors de nous par le miracle, si on en attaque la notion, ce n'est qu'au nom d'une nouvelle discipline philosophique. Or, cette méthode, que vaut-elle ? N'y a-t-il pas danger à s'inféoder à un subjectivisme dangereux, à un inextricable idéalisme ou aux chimères du phénoménisme. Faut-il reconduire poliment saint Thomas hors des frontières de l'apologétique, en le remerciant de ses services provisoires pour demander à Kant ou à Hegel de fournir désormais à la théologie son arsenal d'arguments rationnels ?

RÉSUMÉ DU CHAPITRE III

1°) Eviter la *fausse philosophie*, c'est-à-dire de défendre le vrai par des arguments sans valeur.

2°) L'apologétique scientifique ne peut fournir les *éléments positifs* d'une démonstration religieuse.

3°) L'apologétique historique, prise à part, ne *s'impose pas* et *n'impose pas*.

4°) L'apologétique de M. Yves Le Querdec ou d'Ollé-Laprune prouve trop ou trop peu.

5°) L'apologétique classique repose sur le postulat qui fait précisément pour nos contemporains « le scandale de la raison ».

CHAPITRE IV

L'APOLOGÉTIQUE ET LA PHILOSOPHIE

Derrière les critiques adressées à l'apologétique traditionnelle on a senti percer l'accusation d'insuffisance contre la philosophie de l'Ecole. M. Blondel, dans sa lettre, fait du reste fort ouvertement le procès à l'intellectualisme, non sans doute de saint Thomas, mais de beaucoup de thomistes. Dans l'alliance du péripatétisme avec la théologie de l'Ecole, il voit en beaucoup de points « un hymen hybride » (p. 48), et il reconnaît dans cette instable union le germe de la plupart des combats livrés à l'idée chrétienne. Ce passage ne fut pas du goût de tous, et empressons-nous d'ajouter qu'il a été mal interprété, ainsi que le démontrera la suite de ce travail.

Avant d'en exposer le sens et la portée, constatons qu'il a contribué à induire nombre d'esprits en erreur sur le véritable sens de la méthode d'immanence. Beaucoup n'ont vu, dans le progrès demandé, dans le nouveau problème étalé, que ces quelques pages peu favorables à certaines idoles philosophiques, et ont cru que l'apologétique devait progresser au sens idéaliste ou néo-kantien. Là n'est pas la question, et il ne s'agit nullement de s'inféoder à des systèmes destinés à périr.

Dans l'attitude mutuelle de la théologie et de la philosophie contemporaine, un point est visible et incontestable, c'est la divergence du point de départ. La théologie fondamentale est basée tout entière sur le dogmatisme intellectualiste de l'Ecole, la philosophie est une libre critique du moi immanent. Lorsque l'alliance entre la philosophie et la scolastique n'avait pas encore été troublée, la marche classique satisfaisait à bon droit les esprits. D'après la scolastique, il y a équation entre les choses et l'esprit. Telle est ma représentation intellectuelle, tel est l'objet connu. Depuis Kant, ou même d'une façon implicite bien avant lui, une ère nouvelle a commencé, celle de la critique. On peut juger et apprécier comme on voudra la valeur du philosophe de Kœnigsberg ; qu'on l'anathématise ou qu'on le loue, son œuvre n'en persiste pas moins, et avec elle l'orientation donnée aux esprits. Les plus réfractaires à la philosophie contemporaine doivent, bon gré mal gré, sinon s'y convertir définitivement, au moins y arrêter leur attention. Les problèmes soulevés ne sont pas de ceux que l'on biffe d'un coup de plume, que l'on supprime en les niant.

L'histoire des idées nous montre, depuis Kant, l'apparition de problèmes nouveaux. C'est un fait acquis.

Autre chose s'impose ; c'est la nécessité de rendre intelligibles à tous, accessibles aux esprits philosophiques les données de la philosophie catholique. C'est là une impérieuse nécessité. Ce n'est plus le légitime besoin de faire partager ses idées à autrui, de faire du prosélytisme de système, mais un devoir d'apostolat et de charité pratique, puisque la foi est « l'unique nécessaire ». Pour mener la tâche à bonne fin, ou l'on rejettera *a priori* et d'avance la méthode philosophique du jour pour chercher à ramener de front la pensée contemporaine au dogmatisme de l'Ecole, ou l'on acceptera de se placer sur le terrain offert.

Dans le premier cas, on se condamne à demeurer ignoré et méconnu de ceux qu'il s'agissait précisément de ramener. C'est une entreprise aussi téméraire que vouée à l'insuccès, de vouloir faire faire à la pensée humaine machine arrière jusqu'au XIIIe siècle. Obtiendra-t-on que s'effacent les interrogations soulevées, que se métamorphose la tournure intellectuelle des penseurs d'une époque ? Il ne faut pas s'y tromper, l'esprit humain subit malgré lui les influences du temps et du milieu, la méthode philosophique d'une époque glisse partout sa marque propre. On peut renier la doctrine dans laquelle on a vécu, on n'en efface jamais les traces. De quel droit, enfin, répudier l'effort successif d'illustres penseurs ? Est-il bien sûr qu'il ne faille voir dans l'attitude philosophique du plus grand nombre de nos philosophes qu'un « état violent, une contorsion de l'esprit » ? Un système ne s'impose pas et ne réussit pas parce qu'il est paradoxal, nouveau, destructeur du passé, mais parce qu'il répond à un besoin avoué ou tacite des consciences.

Admettons du reste qu'il soit légitime et possible de reconstruire l'édifice philosophique selon le plan thomiste et traditionnel, du moins faudra-t-il un moyen de se faire entendre des dissidents, leur parler, pour en être compris, le seul langage persuasif qu'ils admettent.

Il faut donc, si l'on veut réussir, se placer sur un terrain accessible à tous, adopter la méthode philosophique en cours, l'étude immanente du moi.

Pour beaucoup de penseurs cette méthode fleure le subjectivisme. Il est bel et bon de se cantonner dans l'étude de la conscience, plus difficile sera-t-il d'en sortir. Et pour cela nombre de théologiens craignent, à juste titre, semble-t-il, la méthode à l'égal du système. Comment s'opérera en effet le passage si cherché du subjectif à l'objectif ? N'arrivera-t-il pas finalement qu'au lieu de sauver l'arche sainte, nous ne l'aurons que plus fatalement et irréparablement submergée? Condamnés à l'idéalisme, quelle hétéroclite alliance ferons-nous de ses théories et de la foi ? L'accord du péripatétisme et du dogme nous a été présenté comme instable ; quelle bizarre association, quel étrange amalgame ne nous fournira pas l'union d'Hegel et du Concile de Trente ?

Donc d'une part, impossibilité pour la pensée chrétienne de s'imposer à la philosophie contemporaine, par suite de la contradiction des systèmes. D'autre part, impossibilité de se placer sur le terrain commun sans être fait prisonnier, d'adopter la méthode sans glisser dans l'erreur. Cela revient à dire qu'au demeurant il n'est pas moyen de s'entendre, que le centre neutre désirable et cherché n'existe pas.

Ces craintes paraissent avoir quelque apparence de raison, mais demeurent malgré tout sans fondement sérieux. Elles naissent en effet d'une conception purement intellectualiste de l'être. En adoptant l'illusion et la méthode d'un certain dogmatisme, où Idéalisme et Réalisme sont présentés comme termes contradictoires et exclusifs l'un de l'autre, on se voit en effet condamné à chercher, sans le trouver jamais, le célèbre passage du subjectif à l'objectif. Légitime donc, à certain point de vue, apparaît la défiance de ceux qui redoutent de laisser saisir leur pensée au piège du subjectivisme. Mais autre est la question, autre est l'attitude réclamée.

La méthode d'immanence consiste précisément à placer l'esprit en un point de vue différent. Il est également chimérique de réfuter l'idéalisme par le réalisme, ou le réalisme par l'idéalisme, car ni l'un ni l'autre ne sont des formes stables et définies de la pensée philosophique, ni l'un ni l'autre n'ont les promesses de la vie.

Dans un récent article, M. Blondel (1) a fort bien montré « l'impossibilité de penser absolument et

_____

(1) *L'illusion idéaliste.* — *Revue de Métaphysique et de Morale,* novembre 1898.

isolément l'idéalisme ou toute doctrine qui pose le
problème au même point de vue ».

Selon lui, en effet, on ne peut affirmer l'une et
l'autre de ces doctrines « sans y inclure l'autre (1) ;
elles n'ont donc qu'une vérité simultanée et subal-
terne, elles requièrent une doctrine ultérieure au
point où elles semblent s'éliminer mutuellement » (2).

Il est impossible de définir l'une et l'autre de ces
doctrines, d'en donner une définition, soit nominale,
soit réelle sans inclure l'autre. Le sens idéaliste se
glisse toujours dans le réalisme de quelque manière
qu'on l'envisage. De même il est impossible de s'en
tenir à l'idéalisme sans finir par s'attacher quelque
peu au réalisme. L'idéalisme transcendantal lui-
même n'échappe pas à la loi commune. « Tout cet
« idéalisme, dit encore M. Blondel (3), part encore
« d'un préjugé réaliste et y aboutit, en vit et en
« meurt parce que s'il désespère d'atteindre l'être, c'est
« qu'il ne le considère comme accessible que sous la
« forme où il ne peut pas l'être. »

Il n'est pas davantage possible d'échapper au
charme en se réfugiant dans l'Idéalisme absolu, c'est-
à-dire en ne faisant qu'un des deux termes appa-
rents, car ici encore reparaît la nécessité du terme
exclu, l'emprunt nécessaire à la solution écartée.
« A moins de supposer abolie toute science, toute
« investigation, et même toute conscience distincte,
« (et on ne le peut pas), il est impossible de ne pas
« admettre une hétérogénéité entre ce qui est abso-
« lument pensé sous forme définie, et ce qui est en
« nous comme vérité enveloppée, expérience prati-
« cable, tendance ou science virtuelle... Tout mo-
« nisme dans l'ensemble comme dans le détail
« épouse un dualisme dont il ne divorce jamais (4). »

La difficulté demeure donc insoluble, et c'est en

(1) *Loc. cit.* p. 3.
(2) *Loc. cit.* p. 4.
(3) Id. p. 7.
(4) Id. p. 8.

vain que s'épuisent les penseurs à extoller soit le réalisme, soit l'idéalisme. Inutilement aussi on s'efforcera de présenter à la conscience l'accord hybride et instable d'un réalisme tempéré d'idéalisme, ou *vice versa* ; car, pour peu que l'on sacrifie à l'illusion idéaliste, il n'est pas de motif puissant de ne pas aller jusqu'au bout, et pour peu qu'effrayé des conséquences destructives d'un transcendantal idéalisme, on s'accroche énergiquement à un point stable, il n'est pas de raison d'enrayer la course et de ne pas aller jusqu'au pôle extrême. En vain voudra-t-on se reposer dans la quiétude finale au sein de l'une des solutions opposées, une interne et inexplicable inquiétude nous obligera d'en sortir jusqu'à l'heure où, ballottés de l'un à l'autre, nous échouerons sur l'aride roc du scepticisme, nous demandant avec inquiétude si l'essor de la philosophie n'est autre chose que l'éternelle course dans la nuit, et la vérité un protéique fantôme, insaisissable à nos efforts !

D'aucuns, moins exigeants, se contentent pourtant, s'accommodent de telle ou telle doctrine et en vivent. Faut-il en conclure que pour eux la difficulté n'existe pas, que par suite l'angoisse décrite pourrait bien être seulement le cauchemar d'une raison hallucinée par les extravagances de la philosophie moderne ?

Ainsi jugent tous ceux qui, paisiblement enclos dans la sécurité d'un système adopté, traitent de non avenues et de chimériques les exigences contemporaines.

Cependant ces craintes, cette instabilité naissent d'une analyse réelle, elles ne sont pas fantômes de la nuit, mais sérieuses exigences d'une critique autorisée. Ceux-là mêmes qui dorment en paix dans leur traditionnel dogmatisme, sentent à certaines heures se poser plus angoissante devant eux l'inévitable question. Et s'ils savent lui imposer silence, demeurer inébranlables dans l'attache à leurs convictions, c'est peut-être qu'ils adhèrent au vrai plutôt pour des motifs vécus que pour des arguments rationnels, que sans l'analyser, par une naturelle tendance de l'esprit, ils emploient la seule méthode décisive, seule féconde, seule capable d'exorciser les fantômes et de montrer la lumière.

Tout vient en effet d'une fondamentale illusion, d'un trompeur mirage qui nous présente comme adéquate à l'être, adéquate à nous la pensée, alors qu'elle n'est qu'un écho et qu'un résidu. L'intellectualisme exagéré est donc l'erreur originelle et la source du mal.

Que faut-il entendre par ce mot ? Il importe, en effet, de préciser la portée du terme, pour qu'apparaisse la valeur de l'accusation. Laissons ici la parole à M. Blondel : « Le *fait* de pensée, dit-il (1), y
« est pris en lui-même, séparé de l'*acte* même de
« penser, considéré non comme résidu ou comme
« retentissement de la vie à la fois physiologique et
« morale, générique et individuelle, mais comme
« réalité en l'air, déraciné de ses origines vitales,
« mutilé dans ses ramifications naturelles, étudié
« telle qu'une momie immobilement semblable à
« elle-même. »

Quelle sera donc la méthode à suivre ? Elle se résume en deux recherches principales et préalables. Le difficile problème de la philosophie est de déterminer la valeur de notre pensée, de marquer comment s'accordent le connu et le réel, l'être et l'idée. Nous avons vu et compris la difficulté de la recherche, et si la question demeure la même, quel que soit le changement d'attitude, l'insuccès de l'effort doit nous mettre en défiance contre l'énoncé, contre la formule même du problème. Il semble qu'il y ait lieu de transposer légèrement la question, de nous demander, non plus en premier lieu ce que vaut notre pensée, mais avant tout ce qu'elle est, ce que nous *pensons*.

Le problème, tout en demeurant équivalent, change ainsi de face, et avec lui la méthode. Mais

____

(1) L'*Illusion idéaliste*, p. 19.

pour ne laisser subsister aucune difficulté et préve-
nir l'objection possible, n'est-il pas nécessaire de lé-
gitimer cette nouvelle formule ? N'est-ce pas en effet,
pour beaucoup, une sorte d'axiome philosophique,
que la pensée se connaît telle qu'elle est, se perçoit
elle-même dans toute son étendue et sa valeur ?

Mais pour peu que l'on y réfléchisse, on s'aperce-
vra qu'aussi difficile est la tâche soit d'épuiser la
pensée, soit d'en embrasser tout le contenu. La pensée elle-même est un acte, l'abstraction qui l'exprime
n'en donne plus que le schème et la figure.

Lorsque nous aurons placé ainsi, dit encore
M. Blondel (1), « l'inconnue en nous-même », nous
nous serons tracé un problème soluble et détermi-
nable. Alors l'analyse du *processus* mental nous
révèle « la disproportion du fait, l'inadéquation tou-
« jours renaissante de ce que nous connaissons de
« nous et ce que nous sommes, mais elle nous intro-
« duit dans la voie à suivre pour tendre, par l'action
« conforme à la pensée, à une adéquation progres-
« sive de la pensée avec l'action ; pour connaître da-
« vantage, il faut se servir d'autre chose que de la
« connaissance. »

L'analyse de la pensée nous conduit à l'aveu de
son insuffisance, à réclamer d'autres éléments né-
cessaires. Alors se déclare et s'impose l'hétérogénéité de la pensée et de l'action : « Dire et faire,
penser et vivre sont deux. » C'est donc, en dernière
analyse, par la vie que nous avancerons dans l'être.

Ainsi se trouve formulé, dans sa méthode, ses
prétentions et son but, le dogmatisme moral qui résout la difficulté soulevée par l'intellectualisme, la
tranche en nous restituant la plénitude de nos forces,
de nos moyens d'acquisition de la vérité. S'en tenir
à la pensée séparée, c'est mutiler la conscience, se
condamner par avance à une vue fragmentaire de
l'être, et partant, à d'inextricables difficultés.

Une fois établie la valeur de la connaissance que

(1) Loc. cit. p. 13.

nous avons de nous-mêmes, comment serons-nous assurés relativement à la connaissance de l'extérieur? Comment les deux se lieront-elles?

« La connaissance que nous avons du dehors sera
« relative à la connaissance que nous avons de nous-
« mêmes. A son tour, la connaissance que nous
« avons de nous-mêmes sera relative à ce que nous
« sommes, à ce que nous voulons être, nous sommes
« ce à quoi nous nous attachons. C'est ce que nous
« aimons qui nous détermine à nos propres yeux(1). »

On voit dès lors sur quel terrain philosophique se trouve amenée la discussion apologétique. Ainsi se légitime la position imposée à l'apologiste par les exigences de la pensée contemporaine. Il peut, sans craindre, se renfermer dans le champ de la conscience, s'y cantonner sans exposer ses dogmes philosophiques, puisqu'au contraire la méthode indiquée est la seule qui permette avantageusement de parvenir au Vrai, d'établir un système stable et lié, compréhensif, de toutes les exigences et de toutes les facultés humaines.

Le R. P. Schwalm (2) oppose à la théorie du dogmatisme moral quelques objections assez caractéristiques pour qu'il soit nécessaire de s'y arrêter. Elles nous aideront encore à mieux préciser notre pensée.

Le R. Père y voit d'abord une *contradiction interne* ; « l'être qui attire la volonté l'attire à l'état
« d'être connu. Il s'ensuit que si vous posez que par
« elles-mêmes la sensation et l'idée ne reflètent point
« les êtres, vous en devez conclure, sous peine de
« contradiction avec vous-mêmes, que l'action toute
« pleine de l'idée ne va point aux êtres. »

(1) Cf. le beau travail du P. Laberthonnière : *Le dogmatisme moral.* — *Annales de philosophie chrétienne* d'août à novembre 1898. Avec la sûreté de pensée et la clarté d'expression qu'on lui connaît, le R. Père montre fort bien et ce qu'il y a d'incomplet dans le dogmatisme illusoire et ce qu'il y a de fécond dans le dogmatisme moral.

(2) R. P. Schwalm. — *Le dogmatisme du cœur et celui de l'esprit.* — Revue thomiste, novembre 1898.

L'objection est basée sur une équivoque. Il est incontestable qu'il n'est point de désir de l'inconnu. Les anciens en avaient fait la remarque « *Ignoti nulla cupido*. » Il ne faudrait point toutefois trop équivoquer sur le degré de connaissance nécessaire à la volonté. Nombreux sont les modes et degrés de connaître, et partant, nombreuses les manières dont l'être peut agir sur la volonté. Je ne veux que ce que je connais, que ce dont j'entrevois l'existence d'une manière instinctive, confuse même, soit ; que ce que je connais d'une manière claire, totale et adéquate, ce serait outrer l'affirmation. Du reste, personne n'a présenté la sensation et l'idée comme vides de tout sens, ne reflétant point les êtres, mais comme ne les égalant pas. La différence est notable et détruit l'objection.

L'autre objection n'est pas mieux fondée. Le R. Père découvre une nouvelle antinomie dans le dogmatisme moral. « Son but c'est de nous faire « connaître le réel tel qu'il est ; sa méthode, c'est de « postuler en principe l'impossibilité d'atteindre le « réel par la pensée et par la sensation. Mais d'autre « part, il faut bien qu'il se serve de sensations au « moins internes et de pensées, pour fonder ses « affirmations et ses concepts... Pour connaître son « action vivante, le dogmatisme moral l'expérimente « et la pense, et par là il s'en fait cette représenta« tion mentale, qu'il déclare de soi radicalement « illusoire. »

Ici, j'ai grand'peur que le R. Père ne se soit mépris sur le sens réel de la valeur de la pensée. Nous ne posons pas en principe la totale infirmité de la pensée pour atteindre le réel. Le résultat de toute investigation philosophique se traduit forcément en effet par la pensée et s'exprime par la parole. Il faut donc que certaine pensée ait une valeur. Nier que l'esprit humain puisse atteindre le vrai par ses opérations serait en effet contradictoire et reviendrait à infirmer soi-même ce que l'on voudrait avancer. Mais il y a pensée et pensée. Nous soutenons en effet que l'analyse spéculative ne donne pas le dernier mot, qu'il ne faut pas abstraire l'idée de ses sources, mais regarder la pensée « comme sa propre « inconnue et son propre instrument... ce qu'elle est « comme acte *concret, vivant, plein,* fournit à la « réflexion le but à découvrir et le moyen progressif « d'y atteindre (1) ».

Ce n'est pas tout que d'avoir justifié la légitimité et l'orthodoxie de la méthode ; il reste une deuxième question inquiétante pour certains esprits. Ce nouveau dogmatisme, qu'est-il autre chose, après tout, qu'un descendant déguisé de Kant, et n'est-ce pas une conception bizarre et instable que de défendre le surnaturel par un système renouvelé d'une théorie suspecte ? Par quel lien rattacher ce premier *processus* à la démonstration traditionnelle ? N'y apportera-t-il pas un germe d'antagonisme et de d..struction ? D'autre part, quelles que soient les séduisantes promesses du dogmatisme moral, pouvons-nous briser ce que nous avons adoré, renier la traditionnelle philosophie de l'Ecole ?

Aussi bien, après tout, la néo-scolastique n'a-t-elle pas pour elle toutes les garanties de succès et de véracité. Les docteurs de l'Eglise l'ont élaborée, vivifiée, défendue. Notre Saint Père le Pape en a, dans une Encyclique, recommandé l'étude, exalté la valeur. N'y aurait-il pas témérité à la répudier entièrement ?

Ici, la réponse est des plus complexes. Il est d'assez bon ton, dans un certain milieu, de faire de Kant l'universelle tête de Turc, de l'anathématiser comme le Père du scepticisme moderne. Préciser son rôle et sa doctrine est absolument hors des limites de cette modeste étude. Toutefois, ce serait mal le connaître et mal l'interpréter, de ne voir en lui qu'un dangereux destructeur. Si une certaine école a exalté au-dessus de ses mérites réels le philosophe de Kœnigsberg, en revanche d'autres ont trop méconnu le

____

(1) M. Blondel. — L'*Illusion idéaliste*, p. 12.

rôle vraiment pratique et sérieux de son système. Son grand mérite fut de débarrasser la pensée de l'obsession pesante de l'intellectualisme, d'exorciser les restes trop vivaces encore de l'antique rationalisme, héritage païen de l'antiquité profane. « Les intellec-« tualistes, dit le R. P. Laberthonnière (1), ont vu en « lui un sceptique. Et de leur point de vue, du point de « vue de ceux qui, à la suite de Socrate, en s'en ren-« dant plus ou moins compte, croient au salut par « l'intelligence et la science, il est en effet sceptique, « car s'il croit au salut, c'est par la bonne volonté. Il « a compris que la certitude qui a pour objet l'être, « au lieu de s'imposer du dehors comme une modi-« fication qu'on subit, est une action. »

De son œuvre, quoiqu'instable dans la totalité, embarrassée encore par une sorte de formalisme scolastique, il restera ce point de vue fondamental, et c'est suffisant pour modifier la pensée philoso-phique, et en définitive restaurer sur une solide base la philosophie chrétienne.

M. Blondel le montre fort bien dans sa *Lettre sur les exigences de la pensée contemporaine*, et il faut savoir enfin le reconnaître ; la décadence de la phi-losophie scolastique a été due évidemment à l'alliance hybride des deux éléments contradictoires : le postu-lat aristotélicien de la divinité de la raison et l'esprit même du christianisme, qui réclame une philosophie de la volonté et de la liberté.

Il faut donc savoir, non pas renier dans sa totalité la synthèse de l'Ecole. Les thèses fondamentales de-meurent impérissablement vraies. Il est en effet telle ou telle conclusion qu'il faut admettre néces-sairement, sur ce point nous partageons pleinement l'opinion de M. Fonsegrive. Mais il faut aussi com-prendre le sens du devenir historique, savoir évoluer au besoin, en mettant en lumière le dynamisme plus ou moins implicite contenu dans saint Thomas lui-

(1) *Dogmatisme moral — Annales de philosophie chrétienne*, novembre 1898, p. 150.

même, savoir modifier au sens moderne certaines
thèses, comprendre en un mot que l'avenir du système est dans le perfectionnement progressif et l'a-
daptation au sens nouveau des problèmes. Cela ne
veut pas dire le moins du monde qu'il faille se
mettre à la remorque de tous les théoriciens du jour,
coudre aux vieux systèmes des lambeaux de nou-
veautés recueillis çà et là au hasard d'un éclectisme
difficile à pratiquer. La pire attitude serait de mélan-
ger indistinctement et sans choix le neuf et le vieux,
de superposer les thèses de l'Ecole aux acquisitions
de la philosophie contemporaine. Mais il faut savoir
évoluer dans le sens du système, s'accroître non par
juxtaposition mais par intussusception, ne pas greffer
de jeunes pousses sur le tronc vieilli, mais laisser la
sève nouvelle rajeunir et vivifier les rameaux.

L'Eglise, en adoptant pour sienne la philosophie de
l'Ecole, n'a pas prétendu la figer dans l'immobilité
cadavérique d'un système définitivement clos. Juger
ainsi serait méconnaître le rôle et la valeur directrice de l'enseignement pontifical. Ceux qui aiment
la vérité et veulent la défendre ne doivent pas demeurer immobiles dans l'incessant devenir, mais profiter
des conquêtes successives de l'esprit, les transfor-
mer en se les assimilant, et par une conception large
de la pensée et de la vie, frayer la voie à la conquête
du Vrai.

RÉSUMÉ DU CHAPITRE IV

1°) Nécessité où est le philosophe, pour discuter
avec fruit, de se placer sur le terrain de tous; c'est-
à-dire d'embrasser la méthode d'immanence.

2°) On invoque le danger de cette méthode. On
craint, en s'y rangeant, de se condamner au subjectivisme.

3°) Mais il faut montrer que ni le *réalisme* ni
l'*idéalisme* ne forment des systèmes définis et via-
bles. Leur vice commun est l'*intellectualisme*.

4°) Le dogmatisme moral nous fera seul connaître l'être.

5°) Rôle effectif de Kant : frayer la voie à la philosophie de l'action et détruire les restes du vieux rationalisme.

6°) Progrès de la philosophie chrétienne à réaliser dans le même sens ; c'est-à-dire du dogmatisme moral et de la philosophie de l'action.

CHAPITRE V

LA VALEUR DÉMONSTRATIVE DE L'APOLOGÉTIQUE

Nous avons établi dans les chapitres précédents, et l'existence du problème qui restait voilé dans l'apologétique traditionnelle et la nécessité de chercher la méthode et les principes de solution, dans l'étude immanente du moi pensant et agissant. Ici, de nouvelles questions surgissent et s'imposent.

Il faut d'abord définir, préciser plus clairement ce qu'est la méthode d'immanence. Il nous restera ensuite à en montrer la valeur et la force démonstrative. Quelle est-elle ? que vaut-elle ? autant de questions qu'il importe de ne pas laisser plus longtemps sans réponse.

« Nous appelons immanence, écrit M. l'abbé De-« nis (1), l'existence du sujet dans le sujet lui-même, « de l'âme en elle-même. La pensée, la volonté, l'ac-« tion sont *immanentes* parce qu'elles existent en « elles-mêmes comme leur propre sujet. On fait un « usage immanent de la volonté, de la raison et de

(1) *Loc. cit.* — Août 1897, p. 551.

« l'action, lorsqu'on s'en sert uniquement pour
« coordonner entre elles les données de leur propre
« expérience. »

La méthode d'immanence en philosophie, nous le
répétons, aura donc le double objectif résumé dans
la formule de M. Blondel (1) : 1° avant de chercher
ce que vaut notre pensée, il faut savoir ce que nous
pensons en effet ; 2° l'action et l'idée de l'action ne
sont pas choses identiques et convertibles.

Appliquée à la démonstration apologétique, cette
méthode nous montrera le surnaturel comme demandé par la pensée et l'action dans la mesure
même où une touche secrète les aura pénétrées d'exigences et d'appétits nouveaux. « Le progrès de
« notre volonté, écrit M. Blondel, nous contraint à
« l'aveu de notre insuffisance, nous conduit au be-
« soin d'un surcroît, nous donne l'aptitude non à le
« produire ou à le définir (du dedans), mais à le re-
« connaître et à le recevoir (du dehors) (2). »

Comment apparaîtra cette conclusion dernière ?
L'étude réfléchie de notre déterminisme interne, du
système lié de nos pensées nous amènera à conclure
à la notion du transcendant. L'autonomie absolue
ne nous paraîtra possible et concevable qu'à la condition d'admettre la possibilité d'une hétéronomie.
Dans ces conditions, comme le montre fort bien
M. Blondel, le problème du surnaturel, non seulement devient concevable, admissible pour la philosophie, mais il s'impose à cette dernière, il en devient en quelque sorte la condition ultime.

On voit donc clairement la solidité de la synthèse
ainsi établie. Il ne s'agit plus, comme dans la conception traditionnelle, de juxtaposer thèse philosophique et thèse religieuse dans la liaison d'un argument plus ou moins hybride, mais d'établir entre les
deux une union vivante, réelle et dynamique.

Mais n'est-il pas à craindre que la méthode d'im-

_____

(1) L'*Illusion idéaliste*, p. 10.
(2) Lettre, p. 38.

manence ne prétende, elle aussi, trop démontrer et que le surnaturel, ainsi postulé par la vie et l'action, perde son caractère essentiel, c'est-à-dire celui de don *ineffable* et *gratuit* ?

Ici se pose l'interrogation qui doit trancher le débat. Quelle est la valeur propre et effective de l'apologétique philosophique, comment et dans quelle mesure peut-elle atteindre le surnaturel ?

Déclarons en premier lieu que la philosophie *seule* ne peut atteindre la *réalité* de l'ordre surnaturel, puisqu'il est par essence *ineffable* et *gratuit*, hors de la portée de l'humaine nature (1).

Une double impossibilité nous empêche de saisir *philosophiquement* le surnaturel dans sa réalité objective : 1° Le surnaturel est aussi *inconcevable* qu'*indéterminable* ; 2° Il serait contradictoire de saisir le surnaturel en nous ; car si l'étude immanente du moi nous le faisait découvrir dans sa réalité, il ne serait plus hors de notre portée, il ne serait plus le surnaturel, et nous détruirions ce que nous aurions voulu défendre.

Il est donc faux de réduire, comme le fait M. Sabatier, par exemple, le christianisme à une psychologie religieuse, et encore plus erroné serait-il d'établir un rapprochement entre ledit système et la méthode d'immanence.

La philosophie ne peut davantage nier la vérité du surnaturel sans méconnaître notre propre nature, sans se dépasser elle-même ; pour d'analogues raisons, elle ne peut en admettre la possibilité intrin-

---

(1) De peur que l'on n'interprète notre pensée au rebours, nous jugeons utile de rappeler ici le point de vue dont nous sommes parti. Lorsque nous disons que la philosophie ne peut saisir la *réalité* du fait surnaturel, nous ne voulons dire ni : 1° que la croyance religieuse soit affaire de sentiment ou basée sur l'irrationnel ; 2° ni que le *processus* traditionnel de l'apologétique classique soit impuissant à montrer la réalité de l'ordre surnaturel, car s'il est en quelque sorte philosophique en adoptant la méthode de l'Ecole et les règles syllogistiques, il ne l'est pas au *sens strict* du mot. Mais nous parlons ici de la philosophie *autonome*, de la *méthode d'immanence stricte sumpta*. Nous montrerons plus loin, d'ailleurs, comment et par quel moyen la raison peut saisir la réalité objective du surnaturel.

sèque. Il ne lui est pas loisible non plus de rejeter la
question, de s'enclore dans l'ordre naturel sans vouloir consentir à regarder au-delà. Elle doit montrer
le surnaturel « non comme réel sous sa forme histo-
« rique, non comme simplement possible ainsi
« qu'une hypothèse arbitraire, non comme gratuit
« ou facultatif, à la manière d'un don proposé sans
« être imposé, non comme convenable et approprié à
« la nature dont il ne serait qu'un suprême épa-
« nouissement, non comme ineffable au point d'être
« sans racines en notre pensée et en notre vie,
« mais... comme *indispensable* en même temps
« qu'inaccessible à l'homme (1). »

Il ne faut pas se méprendre sur le sens du terme et
la portée de la conclusion. En quel sens le surnaturel est-il nécessaire et indispensable ? Ecartons d'a-
bord l'interprétation peu probable dans laquelle le
« nécessaire » serait pris dans un sens absolu onto-
logique. La méthode d'immanence ne nous montre
pas davantage le surnaturel comme nécessaire en
tant que complément dû à notre nature, couronnement *obligé* de l'œuvre divine. Dieu ne nous doit pas
le surnaturel pour achever son œuvre, et le surnaturel n'est pas davantage inclus dans le déterminisme de notre nature.

« Mais, dit M. Blondel (2), il est légitime de mon-
« trer que le progrès de notre volonté (3) nous con-
« traint à l'aveu de notre insuffisance, nous conduit
« au besoin senti d'un surcroît, nous donne l'apti-
« tude non à le produire ou à le définir, mais à le
« reconnaître et à le recevoir. »

Puisque nous étudions la nature telle qu'elle est
après l'offre du surnaturel, dans l'état actuel et présent, il en résulte que nous devons trouver en elle le
point d'insertion du surnaturel. En effet, l'homme,

---

(1) M. Blondel. Lettre, p. 36.

(2) Id. *Loc. cit.* p. 38.

(3) L'auteur parle ici de la volonté déjà secrètement travaillée
par une grâce prévenante, sans laquelle tous les dons externes
demeureraient inassimilables.

dont nous étudions l'action vivante par la méthode
d'immanence, dont nous prenons sur le vif le déterminisme interne de la pensée et de l'action, n'est pas
l'*homme purement homme*. Il ne s'agit pas de savoir ce que nous *donnerait* l'analyse idéale et purement intellectuelle, l'hypothèse théologique ou philosophique d'une nature séparée, mais ce que nous
donne de fait l'étude de notre propre moi. Le surnaturel se présente à nous avec un double caractère ;
il est, de la part de Dieu, un don absolument, entièrement ineffable et gratuit, mais tout en étant un
don, une *grâce* au sens fort et entier du mot, il devient une *dette* de la part de l'homme. Si notre nature ne peut ni le postuler nécessairement ni le déduire logiquement de ses exigences naturelles, elle
ne peut non plus le rejeter sans déchéance positive.
« Qu'il y ait dans le don reçu, dit M. Blondel (1), un
« surcroît ineffable et imprévu, que le *oui* procure
« infiniment plus que le contraire du *non*, il n'en est
« pas moins vrai que ce *non* blesse le point d'inser
« tion préparé et les exigences naturelles de l'âme. »
C'est à découvrir ce point d'insertion, ces exigences naturelles de l'âme dans l'état concret et
actuel, que nous amène la méthode d'immanence.

On nous permettra ici, malgré la longueur de la
citation, de mettre sous les yeux du lecteur la très
juste interprétation du R. P. Laberthonnière (2).
« Il faut partir de la réalité vivante que nous
« sommes. Mais puisqu'il existe un surnaturel,
« puisque tout homme, en fait — nous ne disons pas
« en droit — est appelé à vivre surnaturellement,
« c'est que Dieu agit par sa grâce sur le cœur de tout
« homme, et le pénètre de sa charité ; c'est que l'action
« même qui constitue fondamentalement notre vie,
« est en fait comme informée surnaturellement par
« Dieu... Voilà comment, dans la nature même,
« peuvent se trouver et se trouvent des exigences au

____

(1) Lettre, p. 39.
(2) *Le Problème religieux*, p. 21, 22.

« surnaturel. Les exigences n'appartiennent pas à la
« nature en tant que nature, mais elles appartiennent
« à la nature en tant que pénétrée et envahie déjà
« par la grâce. S'il n'est pas légitime, ni même pos-
« sible, en un sens, de s'en tenir à une philosophie
« séparée, c'est qu'en fait il n'y a pas de nature sé-
« parée. Par conséquent, en faisant la science de
« l'action humaine, puisque cette action est en même
« temps notre action et l'action de Dieu, on devra
« trouver en elle l'élément surnaturel qui rentre dans
« sa constitution. »

Voilà donc le résultat auquel nous amène la méthode d'immanence. Nous montrer la nécessité du
surnaturel, tirer de l'immanent la nécessité du transcendant, de l'autonomie le besoin de l'hétéronome.

Nous avons aussi fait tomber la grande prévention
contre le surnaturel, fait cesser « le scandale de la
raison ». Nous nous étions heurtés à une double fin de
non-recevoir. On nous objectait d'abord que contradictoire se présentait la notion du surnaturel, que la
démonstration purement objective de la Révélation
exigeait des postulats indémontrés et indémon-
trables ; d'autre part, on se refusait surtout à en-
treprendre la recherche, à essayer de se justifier
l'hétéronomie proposée. Cantonnés dans leur système clos, les penseurs se refusaient à en sortir,
puisqu'ils prétendaient y trouver tout le nécessaire.
La religion chrétienne se présentait à eux comme
un idéal, dont ils reconnaissaient plutôt la beauté
que la force obligatoire. Le progrès de la pensée
avait, malgré tout, amené les esprits à se défier de
la conception purement naturaliste. Déjà M. Brunetière avait prononcé la banqueroute du positivisme,
mais il proclamait malgré tout la difficulté ou l'impossibilité de se donner à soi-même le sentiment du
besoin de croire (1), c'était donc en outre dénoncer
la banqueroute de la philosophie. M. Balfour avait,
lui aussi, proclamé l'insuffisance du naturalisme.

____

(1) Cf. *Science et Religion*, p. 62, note.

Mais tout en reconnaissant la haute utilité de la croyance religieuse, tout en la disant indispensable à la vie morale, on ne pouvait arriver à voir comment viendrait se greffer, s'implanter le surnaturel dans l'âme, et l'on avait eu recours à l'hypothèse de méthodes distinctes pour la science et la foi, d'une hétérogénéité nécessaire entre croire et savoir.

Il y avait là un grand pas fait vers la lumière, puisque l'on commençait à voir, à comprendre l'insuffisance du pur intellectualisme pour nous donner une démonstration satisfaisante. Déjà aussi se faisait jour la nécessité de pénétrer le dynamisme interne pour avoir la solution du problème. Mais la vraie marche à suivre n'apparaissait pas encore. Plus compréhensive des réels besoins de l'âme contemporaine, et en même temps des légitimes exigences de la discipline théologique, la méthode d'immanence pose et résout la question au véritable point de vue.

Elle présente encore une supériorité notable sur les conceptions antécédentes. C'est de placer l'esprit en une position initiale antérieure à la solution du grand problème métaphysique. Elle se base sur le vécu, le donné, sans exiger par avance l'adhésion à des postulats philosophiques, à des thèses d'école. Elle est une *méthode* antérieure à tout système, à toute solution idéaliste, réaliste ou phénoméniste.

Le double rôle de la méthode est donc : 1° de préparer le sujet, de dissiper les préventions, de faire désirer et attendre le don divin, en déterminant ce qui est notre part, pour établir la correspondance entre la grâce intérieure et le don du dehors ; 2° de montrer par ailleurs la solution religieuse comme possible, vraie et praticable.

Mais pouvons-nous maintenant, en continuant l'investigation interne, prononcer la *réalité* du surnaturel, le saisir en lui-même ?

Non, cela est impossible, et il ne faut pas demander à la méthode plus qu'elle ne peut donner et qu'elle ne prétend atteindre.

« Nous ne pouvons pas, écrit M. l'abbé Denis (1),
« théologiquement parlant, passer du droit divin au
« fait historique de sa réalisation. Nous ne le pou-
« vons en aucune façon, car : 1° par définition et
« par expérience le surnaturel est indéterminable et
« inconcevable en toute hypothèse; 2° nous ne le pou-
« vons pas, car le pouvoir ce serait faire évanouir
« son essence mystérieuse et facultative du côté de
« Dieu. C'est donc par le fait historique et consta-
« table, qu'il faut préjuger le droit qu'exige en soi le
« surnaturel et dont nous avons précédemment dé-
« terminé les attributs. »

Ici prend place et se greffe naturellement la démonstration par les critères du surnaturel, la preuve
par le miracle du fait historique de la Révélation.

Et ainsi apparaît la relation naturelle et intrinsèque entre la démonstration traditionnelle et la
méthode d'immanence. Ils ont donc interprété
notre système d'une manière étroite, quelquefois
fausse, tous ceux qui ont prétendu opposer l'une à
l'autre, comme rivales, deux méthodes finalement
solidaires et complémentaires l'une de l'autre. D'une
part, insuffisance de la méthode d'immanence pour
atteindre le surnaturel dans sa réalisation, dans son
objective réalité, d'autre part, insuffisance de la méthode traditionnelle vis-à-vis des exigences de la
pensée contemporaine.

La perfection et l'avenir de l'apologétique consiste
donc, non à séparer et à opposer les diverses méthodes, mais à les unifier en les synthétisant et les
complétant l'une par l'autre. A ce point de vue, l'a-
pologétique dite nouvelle offre une base rationnelle
et solide à la synthèse totale, elle unifie et fait con-
verger vers un but commun et principal l'admirable
synthèse des docteurs scolastiques et les travaux des
grands mystiques. D'œuvres éparpillées, d'apologies
distinctes, elle construit un grandiose édifice, où se

____

(1) *Loc. cit.* p. 439.

classent tous les trésors de la tradition ecclésiastique, s'utilise l'effort successif des penseurs de tous les siècles.

Certains critiques ont paru confondre la méthode d'immanence avec les critères internes de l'apologétique traditionnelle, et ainsi méconnaissent toute l'originalité et la valeur réelle de la conception de M. Blondel.

« Les critères internes, dit le R. P. Le Bachelet (1), « se tirent du fond même de la Révélation, et attes- « tent son origine divine par le caractère transcen- « dant de ce fond : conformité avec la raison et la loi « naturelle, liaison et harmonie des vérités qu'elle « propose ; convenance avec la nature de l'homme, « sa condition et ses besoins ; aptitude à promou- « voir d'une façon insigne et constante, l'honnêteté « des mœurs privées et publiques. »

En premier lieu, le mode d'emploi des critères internes et de la méthode d'immanence est sensiblement différent. Quelle est la marche suivie par la démonstration traditionnelle à l'aide des critères internes ? Démontrer que, étant donné la transcendance de la doctrine et etc..., une telle doctrine ne peut s'expliquer et se concevoir que par la nécessité du surnaturel. C'est la mise en pratique théologique de l'adage *ex ungue leonem*. On justifie ainsi la valeur du surnaturel supposé *présent* . Bien autre est le *processus* de la méthode d'immanence. Elle part de l'hypothèse du surnaturel explicite *absent* de la vie. Au lieu d'étudier l'âme et la vie religieuse, et surtout la manifestation extérieure de cette idée chez le croyant, elle dissèque le déterminisme interne de la vie psychologique, pour y retrouver le point d'insertion, la nécessité conditionnée du surnaturel.

Evidemment, il y a une parenté entre les deux

_____

(1) R. P. Bachelet, S. J. — *De l'apologétique traditionnelle et de l'apologétique moderne*, p. 87.

genres de recherches, et l'on peut, en affaiblissant les différences et grossissant les analogies, obtenir une sorte d'identité. Mais la nécessité de ce travail d'identification ne se fait pas le moins du monde sentir, à moins que l'on ne veuille, *per fas et nefas*, montrer envers tous qu'une certaine conception de l'apologétique a prévu d'avance, et toutes les objections possibles, et toutes les réponses à apporter ; que nouvelle manne intellectuelle elle puisse contenter tous les appétits passés, présents et futurs. Et alors on ne voit plus à quel besoin répondrait cette apologie d'un système particulier.

A l'occasion de la méthode d'immanence, d'aucuns ont cru devoir renouveler leur profession de foi en faveur de la valeur démonstrative du miracle. Certains ont jugé opportun de rappeler et défendre la définition du concile du Vatican sur la *réalité*, la *discernabilité* et la *valeur probante* du miracle.

La précaution était inutile toutefois, le scandale et l'émoi naissaient du passage suivant de la lettre de M. Blondel : « Comme pour la philosophie, « aucun des faits contingents n'est impossible, « comme l'idée de lois générales et fixes dans la na- « ture, et l'idée de nature elle-même n'est qu'une « idole, comme chaque phénomène est un cas sin- « gulier et une solution unique, il n'y a sans doute, « si l'on va au fond des choses, rien de plus dans le « miracle que dans le moindre des faits ordinaires. « Mais aussi il n'y a rien de moins dans le plus ordi- « naire des faits que dans le miracle. Le sens de ces « coups d'État, qui provoquent la réflexion à des « conclusions plus générales en rompant l'assou- « pissement de la routine, c'est de révéler que le « divin est, non pas seulement dans ce qui semble « dépasser le pouvoir de l'homme et de la nature, « mais partout, là même où nous estimerions vo- « lontiers que l'homme et la nature se suffisent. Les « miracles ne sont donc vraiment miraculeux qu'au « regard de ceux qui sont déjà mûrs pour reconnaître

« l'action divine dans les événements les plus ha-
« bituels (1). »

Ce qui revient à dire que le miracle est un sym-
bole à interpréter, un *signe adressé au sens commun*,
mais non une démonstration technique et complète :
qu'il est une provocation urgente et comme un défi
jeté à tous, philosophes ou non, mais non une tyran-
nie objective qui se passerait de toute élaboration
subjective.

Ainsi, dans le passage cité, il est complètement
erroné de voir une négation de la valeur probante du
miracle. Mais il importe, puisqu'après tout le miracle
est le critère du surnaturel, d'en préciser la *discernabilité* et la *valeur*.

Au point de vue *théologique*, le miracle est un fait
emportant avec soi une absolue crédibilité. Si je crois
à la constatation historique du miracle, je dois croire
à la divinité du christianisme.

Mais au point de vue *philosophique*, il importe de
mettre en lumière la *discernabilité* du miracle selon
les exigences de la science contemporaine.

Le miracle enferme un double élément. D'une
part, il est *homogène à la nature humaine* ; comme
fait, il entre de quelque manière dans le déterminisme universel. Il doit du reste s'adresser à la nature et s'en faire comprendre par le point où elle est
accessible. D'autre part, il est *homogène* au *surnaturel*, puisqu'il en résulte. Il y a donc dans le miracle un côté divin et un côté humain.

Ce côté divin n'est visible que pour ceux qui sont
déjà disposés à admettre le surnaturel, soit qu'ils se
le soient déjà justifié ou qu'ils l'admettent implicite-
ment. « Il faut déjà, écrit M. l'abbé Denis (*loc.*
« *cit.* p. 448), avoir au moins une foi naturelle au
« miracle pour en tirer toutes ses conséquences.
« Quant à la part de discernabilité historique et
« constatable que le miracle implique en tant que

<hr>

(1) **Lettre**, p. 9-10.

« fait concret et révélateur, elle légitime l'induction
« transcendante qui porte l'esprit du fait à sa cause,
« de sa réalité à son principe. Dans ces conditions,
« le miracle est un critère pour reconnaître valable-
« ment le surnaturel. »

Le sens du passage de M. Blondel cité plus haut,
consiste donc non pas à refuser aux miracles d'être
des signes certains, à la portée de toutes les intelli-
gences, *signa certissima et omnium intelligentiæ
accommodata* ; mais que pour savoir apprécier la
portée et la valeur du miracle, il faut déjà être dis-
posé à l'adopter, ne pas lui opposer d'avance une fin
formelle de non-recevoir. Il est certain que lorsqu'un
théoricien déclare d'avance, comme par exemple
M. Sabatier, « que, quand même on lui présenterait
un phénomène auquel on attribuerait la qualité de
miracle, il resterait à justifier cette qualité en soi
possible », l'affirmation d'un fait miraculeux ou sa
réalisation même immédiate ne suffit pas à entraîner
l'assentiment. En présence d'une telle attitude, l'a-
pologiste a deux partis à prendre. Ou bien asséner
quand même le fait miraculeux en le déclarant suffisant pour convaincre, tant pis pour qui ne peut
voir, ou plutôt qui ne veut, puisque le miracle est
un signe certain (certain en lui-même, mais on
n'obtiendra jamais qu'il ne faille pas tenir compte
des exigences du sujet) ; ou bien réaliser le *deside-
ratum* de l'adversaire, en justifiant la possibilité de-
mandée ; c'est le plus charitable et le plus scientifique aussi. Les Juifs voyaient les miracles de Notre-
Seigneur et ne croyaient pas ; ces miracles étaient
pourtant d'indéniables signes. A cela on pourrait
répondre que l'esprit humain, dégagé de préjugés et
d'erreurs, doit percevoir et apprécier la valeur du
miracle. Admettons-le ; mais faut-il en déduire que
nous ne devions pas essayer de dissiper ces préjugés?
Le Mont Blanc est parfaitement visible à l'œil nu,
un aveugle ne le voit pas, ce n'est la faute ni du
malade ni de la montagne, il reste simplement à tâ-
cher de rendre la vue à celui qui l'a perdue.

D'autres, et en particulier le R. P. Schwalm, n'acceptent pas « qu'il n'y a rien de plus dans le miracle que dans le moindre des faits ordinaires ».

Nous leur répondrons en citant, à la suite du P. Laberthonnière, le passage suivant de saint Augustin : « *Ipse est enim Deus qui per universam* « *creaturam quotidiana miracula facit, quæ homi-* « *nibus non facilitate sed assiduitate viluerunt : rara* « *autem quæ facta sunt ab eodem Domino id est a* « *Verbo propter nos incarnato, majorem stuporem* « *hominibus attulerunt : non quia majora erant* « *quam sunt ea quæ quotidie in creatura facit, sed* « *quia ista quæ quotidie fiunt, tanquam naturali* « *cursu peraguntur ; illa vero efficacia potentia* « *tanquam præsentis exhibita videntur oculis homi-* « *num. Diximus sicut meministis resurrexit unus* « *mortuus, obstupuerunt homines ; cum quotidie* « *nasci qui non erant, nemo miretur. Sic aquam* « *in vinum conversam quis non miretur cum hoc* « *annis omnibus Deus in vitibus faciat (In Joannis,* « *Ev. Trat. IX. 1).*

Après avoir montré la connexion de l'une et de l'autre méthode, et supposé achevée la démonstration totale, quel sera l'effet définitif de tout cet appareil apologétique ? La méthode d'immanence a convenablement préparé le sujet, établi la convenance et l'harmonie du surnaturel, de la grâce avec l'âme. Les critères habituels ont fait leur œuvre ; quel sera maintenant le résultat pratique de tout ce travail ?

La foi va-t-elle jaillir dans l'âme de l'incrédule au terme de la lecture ? Aussi scientifique et liée que soit la marche de l'apologiste, la vérité révélée ne nous apparaîtra, et nous ne nous inclinerons devant elle qu'à l'heure où Dieu nous touchera de sa grâce. La foi est en nous œuvre divine, elle n'est pas la conclusion d'un raisonnement, le couronnement d'une étude, mais le résultat de la touche intime de la grâce. Elle est une vertu, et à ce titre *libre* et *surnaturelle*. Libre, non en ce sens que nous puissions l'accepter ou la rejeter sans compromettre notre destinée, mais en ce sens qu'elle n'est en nous qu'autant que nous l'acceptons, que nous transformons la solution objective et impersonnelle en solution subjective, particulière, personnelle, que nous faisons nôtre la vérité proposée, libre, non pas en ce sens que la vérité dépende de nous, ou que nous la modifiions à notre gré. « Tout au contraire, dit le « R. P. Laberthonnière, ceci veut dire que nous dé- « pendons d'elle. Et c'est parce que nous dépendons « d'elle, que pour la connaître et la posséder il faut « avoir la bonne volonté. Si nous n'avions aucune « condition à remplir, c'est alors que la vérité serait « à notre merci, puisque nous pourrions l'avoir sans « être dignes d'elle. » (*Loc. cit.* p. 3.)

Il faut donc savoir, tout en reconnaissant la valeur et la fécondité de l'apologétique, faire sa part à l'œuvre de la grâce et de la bonne volonté. A ce point de vue, aucune méthode, si parfaite fût-elle, ne pourra nous donner la plénitude du don divin, car le salut est œuvre de grâce et de vertu, et non conclusion philosophique. La liaison mystérieuse qui produit dans une âme la conviction religieuse est le secret de Dieu, le mystère du salut. C'est pour cela que nous n'avons pas le droit d'accuser et de juger, de taxer de mauvaise foi les incrédules, mais nous avons au contraire le devoir de respecter le secret divin, de travailler, dans la mesure de nos forces, au progrès de la lumière, à l'épanouissement de la vérité.

RÉSUMÉ DU CHAPITRE V

1°) Définition de la méthode d'immanence ; elle consiste à établir la liaison de nos états internes.

2°) Ce *qu'elle nous donne*. Elle nous montre le surnaturel comme *nécessaire* et *inaccessible*.

3°) Cette nécessité n'est pas *logique*, mais *empirique* et *conditionnée*, elle ne supprime pas la gratuité du don qu'elle suppose.

4°) Elle ne nous fait pas atteindre la *réalité historique* du surnaturel.

5°) Il faut donc avoir recours aux critères, et par là s'opère la synthèse des apologies.

6°) La foi ne jaillit pas du *processus* dialectique comme conclusion nécessaire. Elle naît, « non comme la rencontre de deux idées, mais comme la rencontre de deux amours ».

CONCLUSION

Dans les chapitres précédents, nous avons établi d'abord la formule du problème religieux, l'état d'esprit de nos contemporains vis-à-vis de la vérité révélée. Il nous restait à étudier la valeur des divers modes de solution. Nous avons donc montré en premier lieu ce qu'était l'apologétique et ce que sont les apologies. Ce premier point établi, nous avions à chercher la force démonstrative des différentes méthodes, leur valeur particulière et caractéristique, et par là même nous avons été amenés à établir le rôle de la philosophie dans l'étude du problème religieux. Après avoir ainsi recherché et ce que la raison peut démontrer, et le but qu'elle doit se proposer, montré comment l'apologétique traditionnelle et l'apologétique classique ne sont ni contradictoires ni exclusives l'une de l'autre, mais s'unissent dans une synthèse totale, il restait à délimiter la valeur probante de tout l'édifice apologétique ; c'est ce que nous avons essayé de montrer dans le chapitre précédent. Il ne nous reste plus maintenant qu'à résumer et formuler nos conclusions dernières, afin de ne laisser aucune obscurité planer sur la question.

1°) L'apologétique nouvelle est l'étude des conditions subjectives d'adhésion et d'assimilation, et d'inhérence du surnaturel. Elle répond à un double besoin :

a) Montrer que le surnaturel non seulement n'est pas incompatible avec la nature, mais est postulé par elle, nous avons dit comment.

b) Montrer la nécessité d'étudier le problème religieux, non plus par prudence, curiosité ou bienveillance, mais parce qu'une philosophie séparée demeure une philosophie incomplète.

2°) Nous établissons ainsi le rôle et les fonctions de la raison dans l'étude du problème religieux. Vis-à-vis du surnaturel, la philosophie doit éviter une double erreur :

a) Ou le détruire en le montrant comme *exigé* nécessairement par la nature.

b) Ou construire l'édifice philosophique en un système clos qui ne laisse pas d'issue au surnaturel, en montrant que l'autonomie de la pensée se suffit à elle-même. Il fallait donc, d'une part, éviter ou de trop demander à la raison dans l'acquisition du surnaturel, ou de trop lui refuser.

3°) Puisque le problème est de voir comment l'esprit atteint le surnaturel, de voir si oui ou non la pensée se suffit à elle-même, le moyen de solution indiqué était dans l'étude immanente du moi. La méthode d'immanence peut seule trancher la difficulté soulevée.

4°) Cette méthode est antérieure à toute solution du problème métaphysique. Elle n'entraîne ni réalisme ni idéalisme.

5°) L'apologétique traditionnelle nous montre l'*objet* de la foi envisagé comme digne de croyance, s'imposant par sa vérité objective.

6°) Il ne peut donc y avoir opposition entre l'une et l'autre, puisque le problème traité n'est plus le même.

7°) Non seulement les deux méthodes ne sont pas opposées, mais se complètent mutuellement. L'apologétique traditionnelle nous permet d'atteindre le surnaturel dans sa *vérité objective*.

8°) Toutefois, la synthèse finale ne consiste pas à *juxtaposer* les deux méthodes. Il serait désastreux de souder simplement le neuf et le vieux. Il faut savoir renouveler en synthétisant, et même dans la démonstration objective du surnaturel, tenir compte du problème nouveau.

Telle est, nous semble-t-il, la solution véritable de la controverse apologétique. Elle est dans l'entente et l'union plutôt que dans la discussion et la chicane. Nous ne méconnaissons ni la haute valeur, ni la beauté de la démonstration scolastique, nous ne refusons à la méthode d'immanence ni sa valeur probante, ni surtout son opportunité. Nous avons exposé notre opinion personnelle avec calme et confiance, mais nous n'avons la prétention ni d'avoir tout dit ni d'avoir tranché toutes les difficultés. Nous avons simplement voulu mettre le lecteur au courant d'une question caractéristique parmi les controverses du jour, intéressante, puisqu'elle touche au point le plus vital de notre être : à la croyance religieuse, au problème de la foi, qu'il n'est permis ni de méconnaître ni d'ignorer.

BIBLIOGRAPHIE CRITIQUE

Nous serions incomplet si nous ne faisions connaître, en terminant, les principaux travaux suscités par la lettre de M. Blondel. Nous allons donc les énumérer, en analysant brièvement les plus dignes d'intérêt.

1°) *Lettre sur les exigences de la pensée contemporaine et sur la méthode de la philosophie dans l'étude du problème religieux,* par M. Blondel. — *Annales de philosophie chrétienne.* — Janvier à juillet 1896.

2°) R. P. Schwalm, O. P. — *Les illusions de l'Idéalisme et leurs dangers pour la foi. — Revue thomiste.* — Septembre 1896.

Dans ces quelques pages, l'auteur cherche à réfuter la méthode d'immanence en montrant successivement :

1°) Que la méthode d'immanence n'est pas une méthode.

2°) Qu'elle ne répond pas aux exigences de la pensée moderne, puisqu'elle est fausse. « Quand le ton du jour sonne faux, il n'y a pas de mal à en sortir » (p. 428).

3°) Qu'elle enlève toute communication réelle et certaine de la raison spéculative du croyant avec l'Eglise enseignante, qui est la règle extérieure, visible et certaine de sa foi intime.

4°) Qu'elle méconnaît la valeur probante des miracles.

5°) Qu'elle supprime tout accord entre la raison philosophique et la foi.

6°) Qu'elle encourt, dans ses formules, les condamnations de l'autorité ecclésiastique.

Tout en rendant hommage à la vigueur de dialectique du R. P. Schwalm, il faut bien reconnaître que sa réfutation porte à faux. Le titre seul de l'article indique suffisamment la cause de l'erreur. Nous l'avons déjà dit et montré, la méthode d'immanence est aussi exclusive du réalisme que de l'idéalisme. Le R. Père a donc mal interprété le véritable sens de la doctrine. Du reste, est-il bien sûr que l'idéalisme entraîne au scepticisme religieux, soit contraire au dogme de la visibilité de l'Eglise ? J'ai bien peur que le R. Père n'ait prêté à l'idéalisme des théories qui ne sont pas siennes, et ne se fasse une idée aussi erronée de l'idéalisme que de la méthode d'immanence.

Il n'y a pas, non plus, à reprocher à M. Blondel de nier le miracle. Nous avons longuement exposé le sens et la portée du passage incriminé, et nous avons vu comment doit s'interpréter le fait miraculeux. Cette théorie du miracle n'a rien que de fort acceptable. Il faut bien, en effet, que le miracle ne vaille que pour ceux qui sont mûrs pour reconnaître l'action divine, puisque des incrédules sont souvent témoins de faits miraculeux et ne se déclarent pas plus convaincus.

Non seulement la méthode d'immanence ne supprime pas l'accord entre la raison et la foi, mais au contraire elle établit la véritable relation entre la philosophie et la théologie. Dire que l'on ne doit pas demander à la philosophie pure plus qu'elle ne peut donner, ce n'est pas nier la valeur de la raison dans la solution du problème religieux. Nous avons déjà montré comment, au contraire, la méthode d'immanence permet d'établir la véritable philosophie chrétienne et est exclusive de toute philosophie séparée.

Les condamnations de Conciles citées par le R. P. Schwalm ne portent pas contre la méthode d'immanence entendue à son vrai sens, mais entendue au sens défectueux qu'il en donne lui-même.

En résumé, toute l'argumentation du R. P. Schwalm passe à côté de la question, puisqu'elle attaque *en fait*, non la théorie de M. Blondel, mais un certain idéalisme (1).

3°) Abbé Gayraud. — *Une nouvelle apologétique chrétienne.* — *Annales de philosophie chrétienne.* — Décembre 1896 et janvier 1897.

Tandis que le R. P. Schwalm reproche à M. Blondel d'être fidéiste, M. Gayraud le taxe de naturalisme. Le reproche est immérité ; nous avons déjà exposé comment la méthode d'immanence n'incline pas au naturalisme. Il est inutile de revenir sur la question. M. l'abbé Gayraud cherche ensuite à justifier la philosophie traditionnelle des accusations portées par la lettre de M. Blondel ; il pense, quant à lui, que le devoir actuel de l'apologiste serait plutôt de refaire la raison dissoute par le criticisme, de la débarrasser de son scepticisme, pour lui donner prise sur la réalité des choses. Nous croyons, et avec d'autres, que l'entreprise serait difficile dans ces conditions.

4°) R. P. Laberthonnière, prêtre de l'Oratoire. — *Le problème religieux.* — *Annales de philosophie chrétienne.* — Février-mars 1897.

Le P. Laberthonnière cherche avec succès à dissiper le malentendu produit par la lettre de M. Blondel. Les critiques du R. P. Schwalm et de M. l'abbé Gayraud montrent suffisamment que la méthode proposée a été mal interprétée, c'est à en donner une

______

(1) Signalons deux autres articles du P. Schwalm : *L'apologétique contemporaine.* — *Revue thomiste,* mars 1897. — *La Crise de l'apologétique,* mai et juillet 1896.

interprétation plus juste que travaille l'auteur cité.

Tandis que M. Blondel part de l'ordre naturel pour en regarder de bas en haut les relations avec le surnaturel, le P. Laberthonnière procède de manière inverse, il part de l'ordre surnaturel pour rechercher de ce point de vue « les conditions de la solution dont la philosophie est capable ».

Le P. Laberthonnière a mené sa tâche à fort bonne fin, et la lecture de ces quelques pages vigoureusement écrites et pensées, est indispensable pour avoir une idée complète de la méthode.

5°) M. G. Fonsegrive. — *La science, la croyance et l'apologétique.* — *Quinzaine.* — 1ᵉʳ janvier 1897.

L'auteur est peu éloigné de partager la manière de voir de M. Blondel. Il juge la méthode d'immanence et étudie le problème de la foi au point de vue exclusivement philosophique.

6°) A. Lamy. — *À propos d'apologétique contemporaine.* — *Sillon.* — 10 décembre 1896.

Dans quelques pages très sympathiques aux idées de M. Blondel, M. Lamy montre fort bien les exigences de l'âme contemporaine vis-à-vis du problème religieux. Excellente analyse, et très suggestive.

7°) D. Hesse. — *La position du problème religieux.* — *Sillon.* — 1897.

Très bonne étude sur la méthode d'immanence. L'auteur étudie particulièrement le témoignage historique et sa valeur apologétique.

8°) R. P. M. Le Bachelet, S. J. — *De l'apologétique traditionnelle et de l'apologétique moderne.* — Paris, Lethielleux.

Cette petite brochure renferme trois articles parus dans les *Études religieuses des Pères de la Compagnie de Jésus.* — 20 juillet, 5 et 20 août 1897, et une introduction sur l'histoire de la controverse.

L'auteur cherche à justifier l'apologétique classique. Il ne nous paraît pas avoir saisi la véritable portée des critiques adressées à la synthèse scolastique. Son interprétation de la valeur des critères externes, miracles, prophéties, etc., d'après M. Blondel, est totalement défectueuse. Les partisans de l'apologétique moderne soutiennent qu'il y a une science possible et nécessaire des préparations subjectives. Le R. P. Le Bachelet ne comprend pas ou ne paraît pas comprendre la notion de cette science, et il nie, par conséquent, qu'elle doive faire partie intégrante de l'apologétique.

Malgré tout, l'étude du R. Père est des meilleures, elle met fort bien en lumière la valeur de la méthode traditionnelle. Si l'interprétation de la méthode d'immanence paraît défectueuse, l'auteur, en revanche, n'est pas absolument exclusif dans ses conclusions, et paraît admettre qu'il puisse exister une autre légitime manière de résoudre le problème religieux.

9°) Abbé F. Dubois. — Dans la *Science catholique* :

1°) *A propos d'apologétique.*

2°) *La méthode d'immanence en apologétique.*

L'auteur fait une regrettable confusion entre la méthode d'immanence et la méthode psychologique : il ne paraît pas, en outre, connaître les véritables sources de l'apologétique nouvelle. Il n'y a pas d'identité à établir entre M. Sabatier et M. Blondel, et l'un ne procède pas de l'autre.

10°) G. de Pascal. — *Le problème de la certitude et l'apologétique.* — *Quinzaine.* — Février 1898.

« L'apologie vraie de notre religion n'est pas une œuvre de pur raisonnement, elle est aussi œuvre de vie » (p. 298).

A la suite de M. Guthlin, M. de Pascal signale avec raison les dangers de l'*exclusivisme.*

« La certitude a les moyens les plus variés de
« s'imposer à l'esprit. Faut-il lui tourner le dos
« parce qu'elle ne se présente pas sous le vêtement
« d'un syllogisme en règle, et serons-nous con-
« damnés à périr dans les angoisses du doute, parce
« que le remède qui nous est offert n'a pas été pré-
« paré selon la formule d'Aristote ? » (p. 300.)

11°) M. J. Bricout. — *Revue du Clergé français.* — *Chronique théologique* du 15 mai 1897.

L'auteur expose fort bien la marche des idées de M. Blondel et la note particulièrement philosophique de son apologétique.

12°) M. L. Brunschwig. — *Revue de métaphysique et de morale*, cite comme « extrêmement remarquable » la lettre de M. Blondel.

13°) Abbé Ch. Denis. — *Esquisse d'une apologie philosophique du christianisme dans les limites de la Nature et de la Révélation.* — *Annales de philosophie chrétienne.* — Juillet 1897 à avril 1898.

Cette étude est un des meilleurs travaux écrits d'après la méthode d'immanence. L'auteur connaît bien les besoins de l'esprit actuel. A la fois au courant et de la marche des idées philosophiques contemporaines et de la théologie catholique, l'auteur justifie pleinement la méthode d'immanence et en fait un heureux essai.

A noter les deux idées fort bien mises en relief par M. l'abbé Denis :

1°) La notion et la valeur de la *psychologie religieuse.* « Nous estimons qu'il faut tenir compte de « ce *fait religieux*, nous le considérons comme la « véritable *subjectivité* spontanée et native à laquelle « nous donnons le nom de *croyance* ou de *réceptivité.* « Tout le problème religieux consiste à faire accor- « der cette subjectivité avec les postulats du surna- « turel historiquement révélé » (Avril 1898, p. 99).

2°) La valeur de l'*idée d'évolution*. Selon M. l'abbé Denis, « le christianisme est progressif dans la me- « sure où il implique la réceptivité humaine. Selon « nous, son immutabilité absolue est égale à son « adaptabilité continue. La Révélation est faite pour « nous et pour être en nous selon ce que nous « sommes naturellement. Donc, elle suit nécessaire- « ment notre humanité tout en restant en soi une et « stable. C'est nous qui varions en progressant, et « c'est elle qui nous fait varier à mesure qu'elle de- « vient plus explicite et plus définitive quant à notre « subjectivité. » (*Ibid.* p. 100.)

Le livre de M. l'abbé Denis doit être en les mains de tous ceux qu'intéresse le problème religieux.

On lira aussi avec fruit l'étude du même auteur sur Renan. — Paris, Bloud et Barral, 0 fr. 60.

M. l'abbé Denis a rendu de réels services à l'apologétique chrétienne, et par ses travaux personnels, et par la libéralité avec laquelle il a ouvert les *Annales de philosophie chrétienne* à la discussion du problème apologétique.

Citons encore un tout récent compte rendu du même auteur. — *A propos d'une conférence apologétique au cercle catholique du Luxembourg.* — *Annales de philosophie chrétienne*, p. 581, février 1899.

TABLE DES MATIÈRES

Imprimerie des Orphelins-Apprentis d'Auteuil, D. Fontaine,
40, rue La Fontaine, Paris.